Espérez !

Christine Pedotti
Anne Soupa

Espérez !

Manifeste pour la renaissance du christianisme

Albin Michel

À Anne, ma sœur folle et sage
C.

À Christine, ma sœur,
soutien de mon espérance,
comme j'espère l'être de la sienne
A.

Si nous ne redevenons pas
comme des premiers chrétiens,
nous serons les derniers.

INTRODUCTION

La crise de l'espérance

Si ce petit livre s'intitule *« Espérez ! »*, c'est bien parce que ce mot est la clé de compréhension du christianisme. La tradition place l'espérance dans le trio des vertus théologales*. Elles sont le propre de Dieu et il en est la source. L'espérance et le christianisme pourraient être synonymes l'un de l'autre : c'est dans l'espérance que loge la foi et que s'enracine la charité, cet élan vers l'autre.

Mais qui ose encore parler d'espérance aujourd'hui ? Les immenses défis auxquels nous avons à faire face, en particulier la crise environ-

* Les vertus théologales sont la foi, l'espérance et la charité.

nementale, nous font douter. Les maîtres mots sont devenus « conserver », « préserver ». Ils sont évidemment légitimes : la sauvegarde du milieu naturel et celle des espèces sont des urgences. Mais comment se projeter dans l'avenir quand tant de menaces l'assombrissent ? Les grandes religions, sur la défensive, non seulement sont muettes quant à l'espérance, mais semblent ne même plus croire à leur avenir. Les idéologies ont été mises en échec. Cette crise de l'avenir que nous identifions d'abord comme une crise de l'espérance plonge nos sociétés dans une forme de dépression, de langueur. Et nous redoutons que les régimes autoritaires et leurs dirigeants sans états d'âme ne prennent l'avantage. La guerre en Ukraine en est l'éclatante et tragique illustration.

Le christianisme a-t-il encore un mot à dire ? Peut-il s'inviter dans la conversation du monde et y porter une proposition d'espérance ? Le défi n'est pas simple à relever.

Aujourd'hui, on peut faire trois constats à propos du christianisme. Le premier est le discrédit global des institutions. C'est particulièrement évident pour le catholicisme en proie au désastre des abus. Mais c'est aussi le cas de l'orthodoxie, prisonnière de son immobilisme et de ses attaches nationalistes. Quant aux protestantismes, les courants historiques luthériens et calvinistes semblent un peu partout avoir épuisé leur dynamisme et la voie évangélique, qui rassemble de grandes foules, s'appuie sur une lecture des Écritures littéraliste et des formes de piété populistes et obscurantistes, certes séduisantes, mais qui violentent l'une des dimensions originelles du christianisme, à savoir son insertion dans le monde de la raison et de l'intelligence.

Le deuxième constat concerne le legs du christianisme : une ample partie des valeurs philosophiques et politiques, des productions intellectuelles, culturelles et esthétiques que l'Occident a partagées avec le monde viennent du christianisme. On peut dire qu'en grande part cet héritage est considéré comme bénéfique, même s'il génère un sentiment de nostalgie pour un temps idéalisé qu'on appelle la « chrétienté ».

Le troisième constat est la curiosité qui

demeure à l'égard de la personne de Jésus et du trésor évangélique. Malgré le discrédit des institutions, un certain nombre de nos contemporains se demandent s'il n'y aurait pas là une forme de ressource, d'ouverture, d'appel, d'élargissement qui répondrait à un désir de transcendance, de fraternité, de style de vie intéressant et même désirable.

Il reste que les rigidités doctrinales, les expressions morales étriquées et intransigeantes, des usages cultuels de plus en plus désuets et incompréhensibles, la révélation des phénomènes d'abus et d'emprise – en particulier de la part centrale du christianisme qu'est le catholicisme –, tout cela dissuade nombre de nos contemporains d'avancer d'un pas de plus. Beaucoup d'entre eux s'écartent des formes institutionnelles du christianisme aussi bien dans le catholicisme, dans les protestantismes que dans l'orthodoxie, parce qu'ils n'y retrouvent pas cette source vivante dont ils soupçonnent cependant l'existence.

La tentation est grande de renoncer au christianisme dans sa dimension religieuse et d'en faire une philosophie humaniste à partir de laquelle on peut promouvoir, et on l'a abondamment fait, les plus belles valeurs de nos sociétés : liberté, égalité, fraternité, universalité... L'un des risques est d'en faire une idéologie déracinée dont petit à petit la sève se retire.

L'objectif que nous poursuivons dans ce livre, qui est un manifeste à deux voix, est de tenter de retrouver la source vive du christianisme qui pourrait irriguer à la fois chaque vie humaine et l'humanité entière dans sa façon de se penser, de se situer dans le monde et dans l'histoire. De cette eau vive, nous espérons une renaissance, un printemps, une sorte de pâque du christianisme, reviviscence ou résurrection... Dans les pages qui suivent, nous avons ouvert un dialogue. D'abord l'une avec l'autre, puis, nous le souhaitons, avec vous qui lirez ces pages. Notre parole ne s'impose pas, elle se propose et ouvre le débat. Tout n'est pas dit, tout n'est pas examiné, loin de là. Nous avons choisi quelques thèmes, que nous jugeons importants et spécifiques au christianisme, et nous vous invitons à entrer dans cette conversation. Comme vous le verrez, nous sommes très éloignées de la forme d'un credo ou d'un catéchisme. Si nous devions choisir une image, disons qu'il s'agit plutôt d'une boussole. Nous avons aussi estimé nécessaire d'apporter, en finale, un bref éclairage sur des questions anthropologiques et sociétales majeures et hautement controversées : sexualité, natalité ; début et fin de vie, richesse et pauvreté, pouvoir et institutions chrétiennes, autres religions.

Quoique nous soyons l'une et l'autre des chrétiennes inscrites dans la tradition du catholicisme, notre propos ne sera pas de suggérer telle ou telle réforme de l'institution catholique, en particulier sur la place des femmes, qui est une question vitale, ou sur l'usage et le partage de l'autorité et du pouvoir – nous l'avons beaucoup fait au cours des quinze dernières années et nous continuerons sans doute à le faire – mais pas ici. Il ne sera pas davantage question de réformer tel ou tel point de dogme ou de doctrine, mais bien de revenir à la source jaillissante du christianisme, à sa richesse originale et originelle, à cet événement qui, situé à l'orée de notre ère, fend l'histoire du monde et fait surgir l'idée neuve que chaque vie, chaque existence humaine compte.

Nous reconnaissons aussi avec chagrin et regret, mais sans le moindre déni, qu'au cours des vingt derniers siècles le christianisme, dans toutes ses incarnations, dans le catholicisme mais aussi dans l'orthodoxie et dans les protestantismes, a produit des systèmes de pouvoir et de violence ou y a concouru. Trop souvent, il a soutenu les puissants et prêché la résignation aux pauvres et aux opprimés. Il a été un moyen de contrainte et d'asservissement par ceux qui ont cru pouvoir parler « au nom de Dieu ». Mais les pauvres, les petits, les courbés, les assignés ont aussi entendu résonner la puissance libératrice de l'Évangile. Les esclaves américains, par exemple, y ont trouvé la certitude de leur dignité et l'espérance de leur libération qu'ils ont chantées dans les gospels.

Aujourd'hui, le monde se rétrécit à mesure que nous découvrons que nous habitons une toute petite planète aux ressources limitées. En même temps, notre vision se dilate parce que nous cessons d'habiter notre quartier, notre région, notre pays pour être solidaires de l'ensemble du monde. Face à ce paradoxe, devant les défis de notre temps, nous affirmons que le christianisme est une proposition pertinente pour vivre ensemble, une proposition de bonheur et un art de vivre profondément humain, profondément humanisant, qui répond non seulement à notre désir de vivre de façon sage, heureuse et fraternelle mais aussi à cette étrange aspiration qui habite tout être humain, le désir d'une vie de l'âme, d'une transcendance.

Voilà pourquoi nous écrivons ce manifeste : pour réenraciner l'arbre chrétien, lui faire retrouver sa terre nourricière afin que de nouveau ses branches s'étendent amples et larges, et que ses fruits s'offrent à qui tend la main. Il ne s'agit pas de mettre l'arbre au musée, de le momifier pour mieux le conserver. Nous ne suivrons pas non plus ceux qui veulent l'enclore, le protéger. Les fruits de cet arbre appartiennent à tous et toutes sans qu'il soit nécessaire de montrer patte blanche ni de présenter un quelconque permis. Nous voulons pouvoir dire : « Venez, régalez-vous, saisissez ces fruits à pleines mains, qui que vous soyez, d'où que vous veniez, quoi que vous croyiez, ils sont pour vous. »

Cette image d'un festin participe pleinement de l'imaginaire chrétien, de sa poésie. Contrairement à ce qui vient à l'esprit de la plupart de nos contemporains, le christianisme n'est pas une ascèse. Il n'est pas sacrificiel. Il promeut l'abondance, la prodigalité, la joie. S'il reconnaît le mal à l'œuvre, c'est pour le combattre, jamais pour s'y résigner, jamais pour négocier. Et c'est au fond la promesse ultime du christianisme, celle de la victoire assurée, finale et définitive sur le mal. C'est là, dans cette promesse, que loge l'espérance. Quand, à vue humaine, à portée de raison, tout semble perdu, le christianisme ose dire que ce n'est pas la fin de l'affaire. C'est pourquoi le fait de la résurrection est au centre de la foi chrétienne. Il ne s'agit pas tant de consoler de la mort, d'en adoucir la violence que d'affirmer que la mort n'est pas le fin mot, pas le mot « fin ». Cette foi en la résurrection ne concerne pas seulement la mort physique, biologique, elle vise plus largement le rythme profond des vies humaines faites de pertes, de deuils, de renoncements, d'accidents, et d'autant de renaissances, de nouveaux départs, de retrouvailles. Et c'est sur cette foi que nous misons pour faire advenir la renaissance du christianisme pour laquelle nous nous engageons.

I

Choisir Jésus

Notre propos n'est pas celui de sociologues ou de philosophes qui supputeraient les chances de survie du christianisme ou évalueraient ce qu'il pourrait encore apporter au monde. Nous sommes l'une et l'autre des croyantes. Nous ne sommes pas extérieures à ce dont nous parlons. Notre foi est partie prenante de la totalité de notre vie. Nous affirmons qu'elle ne nous épargne rien des rudesses de l'existence, n'éteint pas les questionnements ni même les doutes, mais qu'elle est la source de la joie intime et profonde qui est la nôtre. Et cette joie est celle de l'espérance, cette étrange lumière, souvent fragile, qui transforme la vie parce qu'elle fait accueillir avec confiance ce qui vient. C'est pourquoi, avant de décliner les grandes lignes de ce qui nous semble beau, précieux et bon à partager, nous souhaitons dire, chacune à notre manière, ce qu'est notre lien avec le christianisme, c'est-à-dire avec ce Jésus dont nous disons qu'il est Christ.

Jésus ou le saisissement – **Christine**

Les grandes institutions religieuses chrétiennes ont énoncé avec certitude des dogmes sur Jésus. Les grands conciles se sont attachés à définir sa « nature », à cerner au plus près la question de sa divinité, à s'interroger sur l'autonomie de sa volonté par rapport à Dieu son Père. Pourtant ces questions sont loin d'être tranchées par Jésus lui-même. Tout au contraire, les Évangiles le mettent en scène interrogeant ceux qui l'accompagnent : « Et pour vous qui suis-je ? »

La réponse ne se trouve pas dans un énoncé dogmatique mais dans une relation intime et une expérience personnelle. C'est d'ailleurs le propre de l'attachement chrétien d'être non pas l'adhésion à un ensemble de normes et de doctrines mais la confiance faite à quelqu'un. Jésus dans l'Évangile de Jean déclare : « Je suis la vérité, le chemin et la vie[1] », non pas « je dis la vérité » mais « je suis la vérité », non pas « je montre le chemin » mais « je suis le chemin », non pas « je donne les règles de bonne vie » mais « je suis la vie ». Nous sommes des chrétiens à cause de notre lien intime, existentiel avec Jésus. Je suis chrétienne parce que pour moi Jésus n'est pas une idée, pas un sujet d'étude, il est quelqu'un avec qui j'ai une relation. Qui est-il donc pour moi, ce Jésus ?

C'est une question bien étrange car de l'homme Jésus nous ne savons finalement que peu de choses, tirées de textes assez brefs écrits quelques dizaines d'années après sa mort par des écrivains qui ne l'ont pas directement connu mais ont écouté ceux qui l'avaient accompagné. C'est d'ailleurs la perspective de la disparition de ces témoins directs qui a déclenché l'opération de mise par écrit d'une expérience qui jusque-là était passée par la parole.

Ces textes ne sont pas des hommages ou

des panégyriques. Ils dessinent une silhouette, celle d'un homme jeune, autour de trente ans, juif. Pendant quelques deux ou trois années, il parcourt les chemins de son pays et s'y fait connaître comme un homme qui parle avec autorité. Son savoir, proche de ce que ses contemporains connaissent de Dieu, le Dieu des Écritures juives – que les chrétiens nomment ancien ou premier Testament –, a aussi une dimension de nouveauté, un caractère inouï, quelque chose qui n'a jamais été entendu. La caractéristique de cette parole de Jésus est sans doute sa liberté. Il semble n'avoir pas de maître. Ce qu'il sait, on ne sait pas de qui il l'a appris. On voit d'ailleurs à plusieurs reprises les tenants des écoles de pensée religieuse de l'époque venir questionner Jésus pour tenter de savoir de qui il tient ce qu'il dit.

Quelque vingt siècles plus tard une question demeure : comment ces quelques mois de la vie d'un prédicateur juif peuvent-ils me rejoindre, me toucher, changer ma façon d'être au monde, de considérer la vie, la mort, le sens de mon existence et mes relations avec autrui ? Des sages, des prophètes, des hommes et des femmes éclairés, illuminés, des héros, des héroïnes, l'histoire humaine n'en manque pas. Alors quelle est l'originalité de ce Jésus ? Cet homme ne fait rien de réellement extraordinaire, rien qui puisse engendrer une notoriété allant au-delà de quelques années dans l'espace limité où il a vécu. Cet homme ne conquiert pas le monde, n'invente ni la roue ni l'électricité… Certes il est rapporté un certain nombre de miracles de guérison, des aveugles qui voient, des sourds qui entendent, des paralysés qui se mettent à marcher, mais en cela, il semble qu'il ne diffère guère d'autres thaumaturges connus en son temps. Sa singularité est peut-être d'être l'homme des questions, de l'ouverture, de l'écoute, et en cela, il semble qu'il ait été à nul autre pareil. Dans ce regard, cette écoute, il se fait reconnaître comme celui qu'on attendait, celui qu'on espérait ; peut-être même celui qu'on n'osait plus espérer : celui qui ouvre l'horizon…

À l'orée de l'Évangile de Jean, quand des hommes demandent à Jésus : « Où demeures-tu ? » la réponse est : « Venez et vous verrez[2]. » Il y a dans ces quelques mots, « venir » et « voir », tout l'itinéraire de l'intérêt, de la curiosité, de l'étonnement qui signent l'attachement à Jésus depuis des siècles. Jésus est un homme qui étonne, qui surprend. Ce n'est pas quelqu'un auprès de qui on arrive, il n'est pas un but. C'est quelqu'un qu'on suit, qu'on accompagne. Il s'agit de « marcher avec », tel est le programme.

De fait, Jésus à travers les Évangiles est profondément identifié à un homme en marche, en chemin. Les quatre récits évangeliques nous montrent une petite troupe d'hommes et de femmes qui avance de village en village. Nous voyons Jésus se laisser interpeller sur les places, s'asseoir à des tables pour partager un repas, une conversation. Il se laisse volontiers inviter, il accepte d'être questionné. Nous le voyons aussi retrouver les siens, ses disciples, hommes et femmes, autour du feu à la fin du jour quand chacun se roule dans son manteau. On écoute et on raconte. On repasse les événements du jour et on les réinterprète. C'est là que s'élève la parole de Jésus. Il est souvent question du « Royaume ». Cet homme qui ne possède qu'un bâton, des sandales et un manteau, entouré d'une petite troupe guère plus riche que lui, évoque à travers ce Royaume quelque chose qui vient, qui est promis, qui n'est pas encore là, quoique... peut-être l'est-il déjà un peu pour celui ou celle qui sait voir.

Cet homme va jusqu'à la capitale religieuse du judaïsme, Jérusalem. Et son chemin va s'achever de la façon la plus tragique qui soit. L'homme qui marche est cloué sur une croix, comme pour mieux l'arrêter, le fixer, stopper net la parole qu'il disait, l'espoir qu'il soulevait. Est-ce inattendu ? Si l'on on croit les textes, la douceur d'être et de vivre qui s'était d'abord installée autour de lui et de ses amis s'est dissipée au long de cette montée vers Jérusalem. Une forme de gravité est tombée sur le groupe. À raison, puisque c'est bien à Jérusalem que cette marche va se terminer.

Cette histoire pourrait ressembler à beaucoup d'autres. Un espoir se lève, de gens se mettent en marche et sont arrêtés net, par les circonstances, par la méchanceté, la bêtise, la cruauté... Mais celle de Jésus et de ceux et celles qui l'ont accompagné, qui ont mis leurs pas dans les siens, suit une autre voie. Car au bout du compte, les uns et les autres vont énoncer une chose étrange, extraordinaire : celui qui était mort, celui qui a été vu cloué sur le bois de la croix, celui-là, nous l'avons vu vivant. Il n'est pas resté fixé, stoppé par la mort.

Pourtant, son corps a bien été déposé au creux du rocher. Une pierre a été roulée devant. Mais la mort ne l'a pas gardé. Le tombeau ne l'a pas retenu. Il est celui que les clous de la croix n'ont pas arrêté, que le tombeau n'a pas enfermé. Tout le paradoxe de l'histoire de Jésus est là : alors que la mort devait signer son échec, c'est elle qui se trouve défaite.

Ma relation avec Jésus se noue dans cet étonnement : qu'est-ce que cette histoire ? Qui donc est cet homme qui sort du cadre, qui échappe à la règle la plus intangible de la vie.

Qui est-il donc pour que la mort desserre son étreinte ? Qui est-il donc pour que ceux et celles qui l'ont suivi décident de tout laisser, leur vie ancienne, leur métier, leur pays, pour s'embarquer, partir, aller annoncer quelque chose qui ressemble à une folie : « Nous avons vu celui qui était mort, nous l'avons vu vivant, nous en sommes les témoins et ce témoignage est plus fort que toutes les menaces qui peuvent peser sur nous et sur nos vies. » La chose la plus extraordinaire, c'est qu'au delà de ce petit groupe d'hommes et de femmes initial, au cours de ces deux millénaires d'autres hommes, d'autres femmes ont fait cette expérience de rencontre avec Jésus, non pas comme une figure héroïque ancienne mais comme un vivant.

L'attachement, la curiosité passionnée que je continue à avoir pour cet homme nommé Jésus, il n'est pas simple de l'expliquer. Je ne peux pas faire entrer cette expérience intime dans le cadre de la pensée rationnelle. Mon lien avec Jésus n'est pas la reconnaissance d'une forme de sagesse, ni l'adhésion à un système de valeurs, c'est un lien avec quelqu'un. Et la raison n'en rend pas plus compte qu'elle ne rend compte du sentiment amoureux. C'est d'ailleurs pourquoi les grands mystiques hommes et femmes ont emprunté la forme du discours amoureux pour décrire ce lien qui échappe à la matérialité prosaïque du monde. Il y a dans ce lien une dimension inattendue et poétique, quelque chose que je ne saisis pas et pourtant je me suis laissé saisir. Toute ma foi et tout ce que je suis est dans ce saisissement. Et ma vie en est transformée et illuminée.

Jésus ou l'art de la présence – **Anne**

Dans l'Évangile de Jean, au chapitre 11, Marthe et Marie sont dans la peine. Leur frère Lazare vient de mourir. Marthe court au-devant de Jésus et laisse monter la tristesse de son cœur : « Si tu avais été là, mon frère ne serait pas mort. » Un reproche bien compréhensible… Mais sa foi prend le dessus : « Tout ce que tu demanderas à Dieu, Dieu te l'accordera. » Commence alors un dialogue aussi bref qu'éblouissant. Jésus lui dit : « Moi, je suis la résurrection et la vie. Celui qui croit en moi, même s'il meurt, vivra. » Et Marthe livre sa foi, venue d'on ne sait où : « Oui, Seigneur, je le crois. »

Si j'avais été Marthe devant Jésus, je crois que je n'aurais pas su quoi dire. Deux mille ans plus tard, à la place qui est la mienne, ai-je cette foi ? Tout d'abord, à la différence de Marthe, je suis entourée de nombreux témoins dont la vie atteste que Jésus est la résurrection. Certains viennent d'un lointain passé, mais leur foi sous-tend la mienne, à condition que je décode leur langage, parfois désuet. Alors oui, dans cette communion de tous les temps, je peux dire à voix haute que je crois en la résurrection, ce trésor des chrétiens, aussi précieux que le feu pour nos ancêtres. Signe de l'amour donné à la Croix, cette résurrection est *pour l'amour*. Le Ressuscité aime.

Pourtant, que d'obstacles peuvent surgir devant cette conviction ! Pour entendre l'affirmation de Jésus : « Je suis avec vous jusqu'à la fin du monde[3] », il faut accepter de passer par le filtre amer de l'absence, comme Marie la Magdaléenne, qu'on appelle aussi Marie de Magdala, cette amie chère de Jésus qui, ayant découvert le tombeau vide, cherchait désespérément le corps physique de Jésus, comme Charles de Foucauld qui, peu après sa conversion, a voulu vivre à Nazareth, la ville de l'enfance de

Jésus, pour mettre ses pas dans les siens. En vain, car on ne retrouve pas Jésus en allant à Nazareth mais en acquiesçant à sa propre histoire, toujours particulière. Et cela requiert un *pas de côté*, qui libère des idées anciennes et usées. On ne rejoint pas Jésus dans la lettre, mais dans l'esprit.

Cet esprit de Jésus, son mode de présence, est un corps spirituel. On a beaucoup décrié les visions des saints du passé. Avant de les qualifier de « surnaturelles », expliquons l'explicable. Le psychisme humain dispose de figures intérieures d'êtres aimés, silencieuses ou non, qui encouragent par leur présence et dynamisent. En utilisant le mot « visions », les saints ne font que se raconter. En conséquence, oui, figures intérieures ou pas, je vis la présence de Jésus dans une conversation sans début ni fin, tenue sans bruit dans le continuum des jours, un cœur à cœur, « comme un ami parle à un ami[4] ». Ce regard aimant ne me met pas en dette envers le Créateur. Devant lui, je suis libre et désirante. Sans pourquoi, je suis. L'amour vrai est gratuit.

À la même mesure, cette présence est promise à tout être humain. Il y a de la jubilation à découvrir l'amour donné à autrui, car le monde s'allume alors de myriades de petites lumières. La présence éprouvée de Jésus ne se garde pas pour soi. Elle oblige et déporte vers autrui, dans le respect, la bienveillance et même l'amour. Le visage de l'autre devient sacré, seul sacré qui vaille pour un chrétien. *En vue de l'autre*, lui aussi libre et sans pourquoi, je peux devenir capable d'aller de rencontre en rencontre dans une ex-stase – ce mot désignant littéralement le fait de sortir de soi – inépuisable. Cette rencontre de l'autre, improbable, neuve à chaque fois, est un exaucement. Et dans ce dépassement de soi, dans la richesse sans limite de la rencontre, l'être humain s'accomplit. Là, un bonheur lui est promis.

Comment cette résurrection de Jésus est-elle advenue ? Personne n'en sait rien… La raison s'arrête. Seule la foi peut affirmer qu'après la mort, l'être humain va en Dieu. Je promets donc, un peu en tremblant, que nous nous retrouverons tous, nous qui nous sommes aimés, parce que c'est lui, parce que c'est moi. Quand et où ? La question a quelque chose de vain. Peut-on dire « un jour » et « en un lieu » quand il s'agit de Dieu ?

D'où vient alors ma certitude ? Elle vient de la personne même de Jésus. Ma foi ne va pas à une idéologie, mais à une personne, celle qui a dit à Marthe : « Je suis la résurrection. » À ceux qui se demandent avec un zeste de perplexité si, dans une société du bien-être, les humains ont encore besoin d'être sauvés, je ne peux que suggérer de contempler Jésus en croix. Le monde est violent, injuste, les rapports entre les êtres et entre les États sont mus par la force et l'appétit de domination. N'est-il pas vital de tenter de se comporter autrement ? Jésus, en refusant les pouvoirs qui oppressent, en montrant la puissance du don et du par-don sans lesquels l'humanité ne pourrait pas vivre, est le sauveur d'une humanité promise à retrouver sa vocation profonde, faite de douceur et de paix. Et j'observe que point n'est besoin d'invoquer Dieu dans tout cela. La Passion, c'est-à-dire la vie donnée pour l'autre, dit simplement comment l'humanité devrait vivre. Elle est une leçon universelle. Je crois donc que celui qui, par amour, ouvre nos yeux sur cette humanité réconciliée avec elle-même est vivant pour toujours.

Pourtant… Au cours de l'histoire, des millions d'innocents, acteurs de paix et de justice, ont été broyés par des jeux de pouvoir et ils n'ont pas été gratifiés de la même reconnaissance. Eux aussi ont donné leur vie pour enseigner, guérir, tendre la main aux êtres courbés, libérer des oppressions en tout genre. À travers des chemins différents, ils témoignent de ce que devrait être l'humanité. Certains sont connus, mais des milliers d'acteurs de notre humanisation, trop gênants pour les puissants, ont été exclus de l'histoire, gommés pour toujours.

Entre eux et Jésus, où est la différence ? La question est vertigineuse. La seule réponse qui me vient est celle de l'expérience : quantité de témoins ont, dès les premières générations, affirmé que ce Christ envoyé de Dieu était présent dans leur existence. Mais qui peut exclure d'autres révélations ? Toutes ne participent-elles pas du même projet ? Parallèlement, je constate que la proposition chrétienne dilate la vie humaine jusqu'aux extrémités du temps. Si Jésus est présent dans ma vie, c'est-à-dire s'il est ressuscité, alors cette résurrection est prémisse de celle de tous. « S'il n'y a pas de résurrection des morts, le Christ non plus n'est pas ressuscité », dit l'apôtre Paul[5].

Ainsi s'affirme la certitude d'une vie sans déclin. Bien avant de naître, l'être humain est attendu, désiré par Dieu et sa mort physique est passage vers une vie en Dieu, dans l'amour. « Votre vie est cachée avec le Christ en Dieu », rappelle Paul[6]. Cette dilatation s'inscrit dans nos existences mêmes. Elle affecte profondément notre identité et notre rapport à nous-mêmes, jusqu'à faire du chrétien un être « résurrectionnel », dont le quotidien reste dans la lumière de la bienveillance et auquel un avenir est toujours promis.

La foi en la présence de Jésus ne gomme néanmoins ni les souffrances ni les aspérités de la vie. Paul encore l'exprime avec force : « Nous sommes aux prises, mais non pas écrasés ; ne sachant qu'espérer, mais non désespérés ; harcelés, mais non abandonnés ; terrassés, mais non vaincus[7]. » Pourtant, au-delà de ces constats, il arrive que la difficulté de vivre de certains soit d'une cruauté insupportable. Au point qu'on ose dire d'eux, avec la Bible : « Mieux aurait valu pour lui ne pas naître[8]. » Celui qui vit dans un enfer peut-il entendre une parole de résurrection ? On dirait que, devant certains souffrants, cette foi si dynamisante semble se racornir. Le moindre mot, le moindre geste deviennent indécents. Alors, rien n'est ajusté au malheur sinon la présence nue. Présence de qui ? De moi ? Du Christ « descendu aux enfers », si présent à toute souffrance qu'il la prend sur lui ? Je sais seulement qu'en ces lieux de douleur, ma foi n'est plus une option en libre service, elle est nécessaire et surtout elle m'oblige : à compatir, à secourir, à lutter si besoin. Et quand plus rien de tout cela n'est utile, elle attend de moi que je reste proche et que je veille.

Le christianisme est né de la présence à peine croyable du Ressuscité et il s'accomplit dans une présence à la fois ténue et sans limite. Ténue par sa discrétion ; sans limite parce qu'elle rejoint le plus éprouvé des êtres. Sans doute est-ce en cela qu'il m'a séduite : il m'offre l'art le plus abouti de la présence, celle qui va au-delà de toutes les ruptures, au-delà de toutes les souffrances.

II

Redevenir nomades

Dans ce monde déboussolé, devenu trop petit, sommes-nous condamnés à tourner en rond comme des ludions ou à rêver d'un retour en arrière ?

*

J'étais un Araméen errant – Anne

Le récit biblique avec lequel nous entrons en matière fait mémoire d'une errance, à la fois subie et vaincue, à l'aube de l'histoire du peuple hébreu[1]. On y trouve cette phrase : « Mon père était un Araméen errant. » C'est un expérience si profonde et si fondatrice qu'elle doit continuer d'être léguée aux fils. Elle les ouvre au sens de leur existence. Même si nul ne sait plus depuis longtemps ce qui s'est passé au temps de ce père lointain. La foi du peuple en est née.

La nôtre s'en nourrit encore, d'autant plus que notre sort semble s'en rapprocher. Aujourd'hui, dans nos sociétés occidentales, beaucoup d'entre nous sont des « Araméens errants ». L'errance est un *fatum*, un destin. Une soumission au vide, au rien. La boussole est perdue. La vie sociale s'étiole, l'individu s'enkyste en lui-même. Nous ne savons pas où nous allons, nous tournons en rond. Les grandes idéologies ont disparu, les systèmes religieux s'effacent. Devant nous, au milieu de nous, des murs de problèmes se dressent qui nous paralysent : réchauffement climatique, surpopulation, migrations, pandémies, crise des démocraties et multiplication des dictatures et des régimes autoritaires. Ils fragilisent la cohésion du monde et augmentent les risques d'affrontement, et nous errons dans leurs parages sans savoir comment les affronter. Ces constats rendent encore plus insupportables les impasses structurelles où nous nous trouvons : la loi du marché qui fait fi de toute justice, la société de consommation qui pousse à vouloir toujours plus, la domination insolente des GAFA, la terrifiante banalisation du mensonge. À la manière des Anciens, nous plions sous le destin.

L'ancêtre araméen (originaire du pays d'Aram, du côté de la Mésopotamie, l'Irak actuel), lui aussi ploie sous les soucis. Poussé par la disette, il est « descendu » vers la riche et fertile Égypte avec les siens pour trouver du travail. Mais dans les briqueteries où ils ont été employés, ils ont été maltraités et soumis à une rude servitude. Comme ils devenaient trop nombreux, Pharaon a demandé aux accoucheuses de tuer les petits garçons. Déjà on pratiquait sans honte une épuration ethnique. La suite se devine : tous et toutes étaient habités par une grande peur. Quand le fouet du chef de corvée tournoie au-dessus des épaules, le dernier espoir est d'éviter le coup. Plus rien d'autre n'existe[2].

À l'inverse, nos « pères chrétiens », ceux et celles qui nous ont précédés dans le christianisme, n'étaient pas des errants. Ils ont vécu dans la conscience d'une histoire qui se déroulait, qui décomptait le temps, et filait vers demain comme une flèche lancée vers son but. Cette conscience de vivre dans une histoire orientée change tout. Elle a fait naître cette confiance simple en l'avenir qu'on appelle l'« espérance ». Et voilà qu'aujourd'hui, c'est nous, générations postmodernes, qui sommes des errants, nous qui avons perdu l'espérance. La crise actuelle est profonde. Qui parle d'avenir, sauf pour en souligner les menaces ? Il est plus facile de s'endormir dans un passé repeint en rose que d'affronter un sombre avenir. Reste le présent, dont l'exaltation entretenue a un parfum de fin des temps. Devant l'incroyable accélération du temps, l'idée vient que peut-être nous approchons de la fin. L'humanité va-t-elle disparaître ? Est-il déjà trop tard, sommes-nous nés dans un monde vieux, épuisé, usé et abusé ? Tels sont les ingrédients de cette crise de l'espérance qui nous plonge dans la paralysie alors que nous devrions nous mobiliser.

Mais revenons à notre histoire d'errance[3] : Moïse, enfant du peuple asservi, sauvé des eaux et élevé par la sœur de Pharaon, exempté de l'oppression que subissent ses frères de sang, prend conscience de leur sort. Il va trouver Pharaon et lui demande de laisser partir ce peuple. Pharaon refuse, le peuple part quand même, avec le soutien de son Dieu. Dans sa fuite, il arrive au bord de la mer. Plus de chemin… Panique ! Faut-il faire demi-tour ? Mais Pharaon arrive avec ses chars et ses cavaliers. Se jeter à l'eau ? La mort est-elle la seule issue ? Moïse entraîne le peuple et devant lui la mer s'ouvre. Tous et toutes, hommes, femmes et enfants, passent à pied sec jusqu'à l'autre rive, celle de la liberté, tandis que derrière eux les chars de Pharaon sont balayés par le ressac des flots. Dans la joie, les femmes prennent leurs tambourins et dansent. Puis ils font face au désert, avec ses eaux saumâtres qui croupissent sous les rochers, ses serpents brûlants et trois fois rien à manger. La liberté rêvée devient liberté à vivre et c'est rude. Bientôt, le peuple se plaint, l'errance le guette à nouveau. Dans le face-à-face avec lui-même, l'évidence lui monte au cœur : il n'est pas seul, il a un allié, son Dieu. De lui il reçoit des commandements, une loi pour vivre en paix en société. D'errant il devient nomade avec son Dieu. Les blocs de pierre où est gravée la loi de Dieu sont conservés dans un coffre, l'Arche d'alliance, avec laquelle désormais le peuple marche. Bâton à la main, dans la confiance car la Nuée de Dieu le guide, le peuple fait paître ses troupeaux et dresse ses tentes au désert.

L'ensemble du livre de l'Exode ne laisse aucune équivoque : le Dieu d'Israël met fin à l'errance et libère des servitudes. Et ce qui sous-tend le désir de libération, c'est la conscience aiguë de la servitude vécue. Et nous ? Pouvons-nous redevenir libres ? Il faudrait d'abord le vouloir. Le nomade peut choisir l'arbre qui lui donnera son ombre et le moment de sa halte. Ce n'est pas notre cas, alourdis que nous sommes par tant de contraintes. La liberté se porte mal aujourd'hui. En de multiples endroits du monde, elle est en péril. De plus en plus de dictateurs gonflent leurs muscles. La Russie envahit un État souverain, et l'Occident, fasciné, découvre le prix que les Ukrainiens sont prêts à payer pour rester libres.

L'amour de la liberté n'est d'ailleurs pas partagé partout, loin de là. Nombreux sont les lieux actuels de servitude volontaire. L'Occident est asservi par la société consumériste. René Girard, qui a étudié les désirs, a dévoilé combien ils sont souvent réactionnels : tels des enfants jaloux, nous voulons ce que l'autre a – la même chose ou, pire, la chose même. Comment prendre conscience de la folie que génère cette course ? Les frustrations qu'elle suscite sont des sources de violences qui menacent sans cesse de faire éclater les communautés humaines qui les subissent. La menace est aussi celle des réseaux sociaux qui incitent à la haine, flattent la vanité, imposent une tyrannie de l'image… Quels êtres humains sont-ils en train de façonner ? Dans une récente analyse des dangers qui guettent nos sociétés, Jacques Attali questionne : « Que nous reste-t-il, sinon de tenter, tout au long de nos vies et de l'histoire, d'écarter les murs de notre prison ? (…) Aujourd'hui encore, un très grand nombre d'humains, surtout des femmes, n'ont aucun contrôle de leur propre vie[4]. »

Comme aux temps immémoriaux de l'Araméen errant, partout dans le monde actuel, les libérations à mener ne manquent pas. Or le christianisme, même s'il a trop souvent été instrumentalisé par les puissants pour asseoir leur pouvoir, a aussi offert une dynamique de libération. Il a donné une légitimité aux pauvres et aux opprimés pour dénouer les servitudes et les assignations, dépasser des peurs, affronter les épreuves, conclure des alliances… Ainsi, le mouvement des droits civiques des Noirs-Américains s'est fait au nom de la phrase biblique de Moïse[5] : *Let my people go*, « Laisse aller mon peuple ». Les mots du Magnificat sont à cet égard un véritable manifeste qui loue Dieu parce qu'il « renverse les puissants de leur trône, il élève les humbles ; il comble de biens les affamés, renvoie les riches les mains vides[6] ». Au point que le penseur d'extrême droite Charles Maurras, lui-même athée, mais qui voyait dans le catholicisme un facteur d'ordre social, maugréait contre ce qu'il appelait le « venin » du Magnificat.

Reste à voir si le christianisme conserve aujourd'hui encore sa puissance d'émancipation. Peut-il toujours nous accompagner vers demain ?

Le récit biblique montre comment le peuple quitte l'errance et s'échappe de la servitude, même si la tentation d'y retourner existe toujours. Plus tard, Moïse met devant le peuple la proposition de Dieu, son offre d'alliance : « Je te propose la vie ou la mort, la bénédiction ou la malédiction. Choisis donc la vie, pour que toi et ta postérité vous viviez[7]. » La condition est simple : écouter Dieu, marcher avec lui et suivre sa loi, c'est-à-dire les commandements. Ces commandements ne sont pas une servitude nouvelle, mais au contraire une loi de vie : ne pas tuer, ne pas mentir, ne pas voler, ne pas s'approprier le bien d'autrui... ; rien d'autre qu'une vie bonne et juste, une vie qui a du sens.

En faisant ce choix, le peuple prend un chemin orienté. Il cesse d'errer, il marche. Sans doute devons-nous en partie redevenir nomades, non pas en suivant des chèvres au désert, mais en assumant dans la sérénité ce qui est déjà nomade dans nos vies, ce qui arrive au gré des rencontres, des circonstances : le dialogue, l'hospitalité et les échanges. Certes, les phénomènes migratoires actuels nous inquiètent et il est sage de jauger ce que chaque société peut accueillir de façon raisonnable et digne ; certes, l'étranger qui arrive est d'abord une charge, mais il est surtout une chance. Il apporte une autre vision de l'être humain et du monde, il stimule la pensée, il empêche de tourner en rond. La Bible aborde la question sans détour : « Garde-toi d'oublier que tu as été étranger au pays d'Égypte[8]. » Quelle finesse ! La fraternité est posée d'emblée, pierre de fondation d'une relation à construire.

Le nomade vit d'espérance. Il sait qu'il suffit d'avancer et qu'il trouvera devant lui une pâture pour ses bêtes, demain ou le jour suivant… Nous avons largement perdu le sens de cette espérance simple, presque native, que demain sera un autre jour, une nouvelle chance. Le monde sécularisé n'attend plus que quelque chose advienne, il le planifie. C'est le progrès… Au cours du XXe siècle, le progrès a fait fureur, puis il a déçu. Il est devenu une affaire de courbes, de chiffres, de PIB. Il a été chéri par les planificateurs, publics ou privés, dont le maître mot est devenu « atteindre les objectifs ». Préemptant l'avenir, lui interdisant presque d'être lui-même, ils lui ont fixé des chiffres à atteindre, encore et encore. Et après ? Où va-t-on ? Silence… Personne n'a rien à dire sur le sujet. Servitude aussi terrible que celle du fouet d'Égypte. Devenu une simple méthode, alors qu'il se définit comme une dilatation de l'être et de la société, ce progrès exclut ce qui est réellement neuf, imprévu.

On a aussi privé de sa puissance d'humanisation la notion de croissance qui, conçue globalement, est un bien propre du judéo-christianisme. « Croissez et multipliez ! » dit la Bible[9]. L'Évangile revient souvent sur cette consigne de fécondité. Si elle vaut tout autant pour l'être humain que pour la planète, elle n'implique ni une frénésie nataliste ni l'exploitation de la Terre.

Progrès, croissance, la liste des valeurs dévoyées s'allonge avec l'évocation de la rationalisation du travail, à force de *process* à suivre qui privent les travailleurs de l'estime d'eux-mêmes et écrasent leur inventivité. S'y ajoute encore l'appauvrissement des relations sociales, par l'usage des plateformes téléphoniques et des commerces en ligne.

Beaucoup de voix s'élèvent donc pour que l'on remette l'humain au centre des processus économiques. Mais quel humain ? Que restera-t-il de l'humanité après le grand décervelage auquel expose l'usage immodéré des écrans et des réseaux sociaux ? Que reste-t-il pour le bonheur, pour l'espérance ? Le discours des religions est devenu faible, presque inaudible. Alors, c'est au progrès et à la consommation que l'opinion demande le bonheur.

Sur l'espérance, le judaïsme et le christianisme ont pourtant une parole très forte. Pour le second, elle est même l'une des trois vertus théologales. Espérer, c'est faire place à un au-delà, un ailleurs, un imprévisible lendemain, un autre sur lequel on ne met pas la main. Comme un veilleur attend l'aurore, le chrétien sait que l'avenir se reçoit dans les bras, sans trier, comme un cadeau. Il sait le respect dû à l'« avenir de reste ».

Pour remettre l'humain au centre, le christianisme a fort à dire et à faire. Comment ne pas éclairer la question actuelle de la précarité et du pouvoir d'achat par les propos de Jean

Chrysostome (IVe siècle) : « Si vous êtes riche, ce n'est pas pour vous, c'est pour les autres. (…) Vous vous croyez le propriétaire de ce bien, vous n'en êtes que l'économe. (…) Tout appartient à Dieu ; il vous a fait riche, comme il pouvait vous faire pauvre[10] » ? Thomas d'Aquin, au XIIe siècle, reprend et théorise ces déclarations. Il rappelle aussi que les échanges doivent être justes : l'argent n'est pas roi, c'est le bien des êtres humains qui prime. Cette pensée radicale constitue, avec d'autres, la très féconde doctrine sociale de l'Église catholique. Aujourd'hui, le pape François incarne cette voix chrétienne qui rappelle que l'être vaut plus que l'avoir. Malheureusement, l'Église catholique traverse aussi une crise de l'espérance pour elle-même. Devant sa perte d'audience, elle préfère ne pas regarder vers l'avenir, et ne rien changer. La structure de type monarchique sur laquelle elle repose heurte la sensibilité politique contemporaine désireuse de plus d'horizontalité et d'une démocratie plus participative. Pourtant cette forme de hiérarchie monarchique n'est pas la seule disponible. La Bible évoque l'antique assemblée des Hébreux au désert, démocratique à la façon des Anciens[11] et les prophètes tentent de dissuader le peuple de se donner un roi. L'organisation des premières communautés chrétiennes montre une grande diversité, jusqu'à ce que le christianisme épouse la pourpre impériale romaine au cours du IVe siècle. Les choses ne sont donc pas figées, elles pourraient de nouveau évoluer.

Dans la grave crise de l'espérance que traverse le monde contemporain, nous sommes comme redevenus errants, ne sachant comment nous orienter. Il est temps que le christianisme sache de nouveau porter le goût de l'avenir.

Une envie d'ailleurs – **Christine**

Dans ce passage de l'errance au nomadisme, ce qui me semble important c'est l'idée que nous sommes dans une marche orientée. Il ne s'agit pas d'arriver mais d'être sans cesse en mouvement, marcheurs vers un lieu – non pas géographique mais symbolique, spirituel, un « à venir » qui ne nous est pas connu. Nous n'allons pas vers une destination clairement identifiée. Nous ne retournons pas quelque part, comme si nous recherchions sans fin un paradis perdu. Nous allons vers… Et cette marche en elle-même est une espérance.

Ainsi, après le passage de la mer, le peuple hébreu marche. C'est une longue marche à travers le désert vers une terre promise. De cette terre promise ils ne savent pas grand-chose, sinon qu'elle est promise comme « ruisselante de lait et de miel[12] », selon la formule biblique, c'est-à-dire d'abondance, de bonheur, de douceur. Telle est la promesse qui est faite à toutes nos marches, à la fois pour chacune de nos existences et pour l'humanité entière. Alors bien sûr, aujourd'hui, sur cette terre qui a semblé si vaste à nos ancêtres et qui aujourd'hui nous semble si petite, l'idée d'un « aller vers » est de plus en plus difficile à envisager.

Notre chère petite planète dont nous avons tous et toutes vu les images à partir du cosmos nous apparaît désormais bien limitée et fragile. Comment s'étonner que certaines des personnes les plus riches du monde, tel Elon

Musk, rêvent de nous emmener vers l'espace, de nous faire sortir de l'orbite de la Terre pour aller explorer plus ample ? C'est d'ailleurs le thème des grands films de science-fiction dans lesquels des vaisseaux s'aventurent dans l'univers infini. C'est aussi ce qui anime les scientifiques qui cherchent à voir plus loin, plus loin que notre système solaire, plus loin que les galaxies, qui cherchent à comprendre l'univers et ses confins. Sans doute est-ce le propre de l'humanité de toujours désirer connaître ce qu'il y a au-delà de la colline, derrière la ligne d'horizon.

L'un de nos désirs les plus puissants est donc d'aller voir ailleurs. Non pas parce que nous ne sommes pas bien où nous sommes mais parce que nous sommes habités par une immense curiosité. Certains sociologues[13] proposent une réflexion sur l'angoisse qui habite les populations contemporaines et définissent deux groupes : les gens qui sont de quelque part et les gens qui sont de partout, les privilégiés étant les seconds, capables de se sentir à l'aise ailleurs parce que suffisamment équipés, suffisamment armés pour cela. Nous voyons aussi des populations migrer, choisir de quitter leur pays tel l'Abraham de la Bible pour partir vers un lieu dont ils ne savent que peu de choses, qu'ils imaginent où rêvent souvent comme étant une terre « de lait et de miel ». Nos frontières, les barrières que nous mettons à l'accueil des uns et des autres contrarient cet élan intérieur très puissant, profondément humain.

Mais plus encore que le déplacement des personnes et des populations, il faut prendre au sérieux cette envie d'aller ailleurs, cette envie de se projeter vers quelque chose qui n'est pas connu. C'est ainsi, nous disent les préhistoriens, que les premières populations humaines ont franchi les détroits, les mers et les océans pour se répandre partout sur la terre. Le judaïsme et le christianisme ont su saisir et cultiver ce désir parmi les humains. En termes d'accomplissement personnel, cela signifie que nous ne sommes pas des gens arrivés, mais des gens toujours en marche, toujours en désir : désir d'aller plus loin, désir de s'accomplir. Je suis frappée par le fait que le Jésus des Évangiles soit raconté comme un homme en marche alors que par exemple le Bouddha est raconté comme un homme qui s'assoit, qui demeure, qui est illuminé en ce lieu où il devient présent à lui-même. En réalité, cette tension existe en chacun d'entre nous ; désir de s'habiter soi-même, d'être en communion avec son être profond et désir de se projeter vers un autre endroit, un autre temps, vers d'autres relations.

Il me semble que le christianisme dit que c'est en marchant que nous nous trouvons. Et, de surcroît, c'est ensemble que nous nous trouvons et nous retrouvons. Non pas dans une méditation individuelle, autocentrée, mais dans une dimension communautaire. Le christianisme cultive l'idée que nous marchons ensemble et que cette marche n'est pas une aventure solitaire, une expérience spirituelle personnelle, individuelle. La marche ou démarche collective est au cœur du christianisme. Or, devant les défis qui s'imposent à notre monde, l'issue ne peut pas être individuelle et personnelle. Nulle proposition de développement intérieur ne nous dispensera de prendre ensemble les mesures qui permettront à notre terre de demeurer vivable. Il va falloir faire corps pour affronter une nouvelle aventure qui est de se dépasser, dépasser nos désirs d'avoir, nos désirs de possession, pour entrer dans un désir d'être, parce que nous ne pouvons pas consommer la planète jusqu'à la faire disparaître. Il va donc falloir changer le désir de posséder en désir de devenir. Alors oui, je crois que la proposition chrétienne est pertinente et utile pour accompagner chacun et chacune dans cette marche vers un avenir que nous allons modeler et qui ne nous est pas donné *a priori*. Pour cela, il faut sans doute combattre à l'intérieur même du christianisme une forme de providentialisme qui voudrait que Dieu sache à tout instant et avant nous ce qui est bon pour nous. Nous sommes libres de nos choix, libres de notre chemin.

Je ne crois pas que le terme du cheminement humain soit écrit par avance. Il est laissé entre nos mains. C'est d'ailleurs ce que raconte cette fabuleuse histoire biblique du peuple qui se libère de la servitude du pays d'Égypte, qui pérégrine à travers le désert et qui entre dans une terre qui tout à la fois lui est promise et ne lui est pas donnée d'emblée. Dieu ne remet pas au peuple les clés d'une sorte de jardin où tout serait planté, bien taillé, prêt à être consommé. En cela, cette histoire diffère radicalement de celle, racontée dans la Genèse, du premier couple humain Adam et Ève dans le jardin primitif, l'Éden. À raison, de nombreux commentateurs, plutôt que d'y lire le récit d'une « chute », y lisent celui du début de l'histoire, une histoire qui commence quand ces premiers humains, sortis d'un jardin quasiment fœtal, se mettent en marche et mettent en marche l'histoire humaine.

Dans le récit biblique, après la sortie d'Égypte, le passage de la mer, la longue marche dans le désert, vient enfin cette terre promise que le jeune peuple qui vient de traverser les épreuves et les doutes va devoir s'approprier. Cette conquête est racontée sous la forme de guerres épiques dont, pour l'essentiel, les récits sont métaphoriques et les ennemis largement imaginaires. Ce que nous pouvons en retenir, c'est que ce qui s'offre est toujours à conquérir. Dans l'histoire de l'humanité, il y a toujours quelque chose à construire, une autre aventure à imaginer, des obstacles qui semblent insurmontables à vaincre.

*

Nous affirmons que l'histoire a un sens : elle est une marche vers la liberté. Il nous faut retrouver comme un goût de nomadisme, laisser derrière nous nos servitudes et nos certitudes, accepter d'être déplacés, d'être prêts à l'imprévisible.
Le christianisme, contrairement à ce qui apparaît lorsqu'on regarde son passé, son immobilité à travers ses monuments, les pierres de ses églises et de ses temples et la paralysie qu'engendrent ses constructions dogmatiques, peut, s'il accepte de redevenir nomade et marcheur, contribuer à permettre à l'humanité de retrouver ce goût de l'aventure, du désir et de l'espérance.

III

Affirmer la dignité de l'être humain

Aujourd'hui, les humains sont comme en procès contre eux-mêmes. Certains écologistes rêvent de la quasi-disparition de l'humanité afin de soulager la planète, les transhumanistes nous promettent d'étranges et terribles futurs. Que peut-on dire de l'être humain, quelles sont sa place et sa responsabilité ?

*

Qui donc est l'homme ? – Christine

« Qu'est-ce que l'homme pour que tu penses à lui, un fils d'homme pour que tu en aies souci ? » Ainsi s'interroge dans le psaume 8, celui qu'on appelle le « psalmiste ». Les psaumes sont un recueil de cent cinquante chants collectés sur plusieurs siècles, qui constituent l'un des livres de la Bible. Tout à la fois prières et poèmes, ils sont chantés – psalmodiés – tant par la tradition juive que chrétienne. Ils font parfois entendre plusieurs voix qui s'entremêlent. Le plus souvent adressés au Dieu d'Israël, le Seigneur, ils expriment l'action de grâce, l'émerveillement, la supplique, les plaintes, les reproches, la colère, l'incompréhension… Ils usent de la totalité de la palette des sentiments. Il arrive qu'ils fassent entendre la voix divine, comme en réponse à l'interrogation humaine.

Dans le psaume 8, une affirmation grandiose répond à l'interrogation sur la place et la particularité de l'être humain au sein de son environnement : « Tu l'as voulu un peu moindre qu'un dieu, le couronnant de gloire et d'honneur ; tu l'établis sur les œuvres de tes mains, tu mets toute chose à ses pieds. » Lorsque ces mots ont été écrits, il y a vingt-cinq siècles, la perception que les humains avaient d'eux-mêmes n'était pas la nôtre. Entourés d'une nature souvent hostile, sur une terre dont ils arrachaient péniblement leur subsistance, en proie aux maladies, ils étaient dominés par un sentiment de fragilité, de petitesse et d'impuissance. Aujourd'hui, à l'inverse, la conscience de la précarité de l'environnement fait monter l'inquiétude devant la puissance humaine qui dévore la planète.

L'interrogation demeure : qui est l'homme ? Est-il, comme certains écologistes le soutiennent, un prédateur sans prédateur puisque désormais il règne sur la nature de telle sorte qu'il triomphe de toutes les menaces, ne craint pas les animaux et, nous venons de le constater avec la récente pandémie, peut se garantir des virus et des maladies ? Certains futurologues imaginent même que la mort sera vaincue, ou du moins que la vieillesse et la déchéance seront si retardées que l'on pourra se croire quasiment éternel. Mais alors la disparité entre le vivant et l'humanité serait telle que celle-ci dévorerait la Terre, n'y laissant rien subsister ? C'est déjà ce que nous observons puisque aujourd'hui nous consommons les ressources de la planète plus vite qu'elles ne se renouvellent. Faut-il pour réparer la Terre la retirer aux humains ? Tel est le propos intransigeant d'une partie de la jeunesse, passée de l'écologie environnementale à des idéologies plus radicales comme l'antispécisme, un mouvement qui récuse la hiérarchie entre les êtres vivants et accuse les humains de crimes contre la vie. C'est dans le même esprit intransigeant que le mouvement vegan refuse d'utiliser toute forme de production animale, tant pour se nourrir que pour se vêtir. Et c'est au nom de cette crainte de la démesure humaine – des humains trop nombreux, trop consommateurs – que tant de jeunes aujourd'hui affirment ne pas vouloir d'enfants afin d'enrayer le processus de destruction de l'environnement terrestre.

Il est aisé de comprendre cette radicalité face à la violence et la brutalité des industries agroalimentaires qui transforment les animaux en machines de production. Quant au danger que nous faisons courir à notre environnement terrestre, nul aujourd'hui ne peut plus le nier. L'humanité peut aisément apparaître comme une sorte de maladie dont serait affligée la planète et dont les plus cyniques diront qu'aveuglée par sa puissance, elle est en train de se tuer elle-même. Et sa disparition sera le début d'une renaissance pour le reste du vivant. Le prédateur, dans sa démesure, aura provoqué sa propre fin.

Face à cette grande angoisse à l'égard de l'avenir, à cette écoanxiété, les grandes religions, et tout particulièrement les monothéismes qui placent l'être humain au cœur et au sommet de ce qu'ils nomment la « Création », sont appelées à la barre des coupables : en mettant l'humanité à part et non au sein du règne du vivant, elles auraient nourri la folie dominatrice de l'humanité. La suite du psaume 8 sonne comme un acte d'accusation : « Tu l'établis sur les œuvres de tes mains, tu mets toute chose à ses pieds. » L'être humain devient celui qui piétine le reste du vivant avec la bénédiction de son Dieu. Or cette image d'un être humain tout-puissant, un « presque dieu » qui pourrait dominer, asservir et saccager sans retenue est fausse, précisément parce que dans ce texte cet humain a un vis-à-vis.

La question du psalmiste n'est pas une question philosophique. Il ne s'agit pas de savoir quelle est la nature de l'homme de façon absolue, théorique, conceptuelle, mais de le situer de façon relationnelle. L'humain du psalmiste est un « je » face à un « tu » qui pense à lui, qui en a le souci. La question est adressée à un autre, une figure d'altérité. L'humain n'est pas placé dans une vertigineuse solitude face à lui-même, à sa folie, ses excès et ses terreurs. Il n'est pas un prédateur sans prédateur, il est invité à entrer en relation avec cette altérité, ce quelqu'un qui n'est pas lui, sur lequel il ne domine pas. Ce qu'il a entre les mains, ce monde à ses pieds, ne lui est pas abandonné comme on le ferait d'un jouet sacrifié à l'humeur d'un enfant terrible et jaloux et qu'il pourrait malmener à son gré. Le monde, tout au contraire, est confié par cet autre nommé « Dieu » qui ne se désintéresse pas de ce qui advient et « a souci » de cet humain. Alors oui, selon la Bible, l'être humain est mis à part du règne du vivant. Mais ce n'est pas pour en être le maître absolu, c'est pour en être le bon gérant, pour en avoir souci, comme Dieu lui-même a souci de lui : n'est-il pas « à peine moindre qu'un dieu » ?

Le judaïsme puis le christianisme affirment la haute dignité de l'être humain, sa dignité mais aussi sa responsabilité. Et ils le font à raison. Parmi les vivants, les êtres humains ont la particularité de penser leur existence, de s'interroger sur l'avant et l'après eux-mêmes, de se chercher une origine, un avenir et une raison d'être.

Les quelques mots de ce psaume n'affirment pas un pouvoir mais un devoir. Ce devoir est en tension entre deux altérités, celle qui s'expérimente face à tous les vivants et que nous découvrons devant ce grand autre que nous nommons « Dieu ». Cette altérité avec Dieu inclut aussi de la continuité. L'humain du psaume est dit « à peine moindre qu'un dieu », il n'est pas absolument séparé de la nature divine – à charge pour les croyants de tenter d'élucider cette « ressemblance » affirmée dès les premières lignes du premier récit biblique, où Dieu dit : « Faisons l'humain à notre image, comme à notre ressemblance[1]. » Mais cet humain appartient aussi au règne du vivant, ce que n'importe quel biologiste peut affirmer, ainsi que le fait le second récit biblique de création qui fait sortir l'humanité de la même glaise que tous les animaux.

Telle est la place singulière de l'être humain selon la Bible.

Cette haute dignité de l'être humain est affirmée de façon centrale par le christianisme qui proclame que Jésus est à la fois humain et divin. Le texte majeur de la foi chrétienne, le Credo, le dit « vrai homme et vrai Dieu ». Cette affirmation vise bien un homme particulier, Jésus, mais le christianisme énonce aussi qu'à travers lui, c'est la totalité de l'humanité qui est rendue digne de Dieu. Irénée de Lyon dès le IIe siècle écrit : « Dieu s'est fait homme pour que l'homme soit fait Dieu. » Haute dignité de l'être humain certes, mais qu'il ne faut pas entendre comme une affirmation de puissance ou pire encore de toute-puissance. En effet, le Dieu révélé par le christianisme, loin d'être une sorte de Zeus lointain, un tyran gouvernant d'une main de fer, l'éclair au poing, se donne à connaître au travers d'un homme fraternel et compatissant. La vocation divine de l'humain n'en fait pas un despote orgueilleux mais, à l'image du Dieu révélé par Jésus, un être de bienveillance et de compassion. Voilà donc l'être humain tel qu'il est envisagé par la longue tradition judaïque puis chrétienne : un être dont un autre, un « tu » a le souci, et qui tient de ce souci sa propre responsabilité au sein de l'univers et du reste du vivant dont il est à la fois dépositaire et solidaire. Haute dignité, donc, et imposante responsabilité. Sans que nous puissions dire quoi que ce soit des étendues infinies et inconnues du cosmos, nous pouvons affirmer que l'humanité est la conscience de la Terre et du règne vivant, cette Terre qui nous est confiée et dont nous avons légitimement le souci. Il y a là matière à fonder une conscience écologique et environnementale, et à relever le défi redoutable qui se présente à notre génération.

À l'instar du psalmiste, les traditions juive et chrétienne s'étonnent et s'émerveillent de ce mystère de l'humain, fragile, vulnérable, qui se pense appelé à plus grand que lui-même, « à peine moindre qu'un dieu », couronné « de gloire et d'honneur ». Il se lit en ces mots une très puissante espérance. Ne nous y trompons pas :

à l'époque où ces mots sont écrits, l'humanité n'est pas meilleure que celle que nous connaissons aujourd'hui. Les meurtres et les crimes, les mensonges, l'appât du gain, la jalousie ne sont pas des maux récents. La Bible racontant l'histoire de la première génération humaine n'hésite pas à mettre en scène le premier crime dans la première famille. Caïn, fou de jalousie, assassine son frère Abel. Écoutons le dialogue de Dieu avec le meurtrier : « Dieu dit à Caïn : "Où est ton frère Abel ?" Il répondit : "Je ne sais pas. Suis-je le gardien de mon frère[2] ? » Face à Dieu, alors que le sang de son frère « crie du sol », Caïn ment sans vergogne quasiment les yeux dans les yeux, ajoutant la morgue à l'indifférence par ce terrible « Suis-je le gardien de mon frère ? ». Mais l'être humain, coupable du pire, est aussi capable du meilleur. Oui, nous sommes chacun le gardien de notre frère, de notre sœur en humanité, parce que nous en avons hérité le souci.

Alors qu'une vision pessimiste de l'humanité en fait une collection d'individus, chacun enfermé dans son égoïsme et sa solitude, jaloux et envieux, tout au plus capable de nouer des alliances intéressées, le christianisme affirme que l'être l'humain n'est pas un être de solitude mais de sollicitude, qu'il s'accomplit pleinement dans le souci d'autrui et que c'est en cela qu'il se grandit et atteint sa pleine dignité.

Hommes et femmes, libres et égaux – Anne

Le souci de l'autre est plus qu'un programme, plus qu'une vocation, c'est l'ADN inoculé à l'être humain par le Créateur. Celui-ci, après l'avoir façonné avec la glaise – sens du nom Adam – du sol et lui avoir soufflé une haleine de vie, dit : « Il n'est pas bon que l'être humain soit seul. Il faut que je lui fasse une aide qui lui soit assortie[3] », modèle les animaux et les fait défiler devant cet *adam* pour qu'il les nomme. Mais le compte n'y est pas. Cet *adam* est noyé dans un abîme de solitude.

Alors le Créateur se résout à revoir sa copie. Il fait tomber une torpeur sur l'*adam* et, de ce corps inapte à l'échange, il va prélever non pas une côte, comme le veut l'opinion commune, mais le *côté**. Rectification linguistique qui ne date… que de la seconde moitié du XXe siècle, au moins dans le monde catholique** ! Que l'on nous permette ici d'en être très surprises, tant sont décisives pour les femmes les conséquences de ce petit accent posé ou non sur un mot. Plus qu'un glissement de sens, c'est une révolution dans les rapports d'une moitié de l'humanité avec l'autre… Grâce à elle, la femme n'est plus un vingt-quatrième de la cage thoracique de l'autre, ce qui serait un signe manifeste de moindre dignité, d'infériorité notoire même, mais elle est son égale, à part entière. Dès l'aube de l'humanité, elle n'encourt pas la moindre servitude et n'a nul besoin d'être émancipée ! En outre, elle n'a pas été prélevée sur le corps de son compagnon masculin, ce qui induirait

---

* Le mot hébreu utilisé ici est aussi employé pour parler du côté d'une armoire, en particulier de l'armoire qui contient l'Arche d'alliance, portée par le peuple lors de sa longue pérégrination au désert.

** La *Bible de Jérusalem*, édition 1998, par exemple, continue à parler de l'« une de ses côtes ».

une dépendance, mais sur l'*adam* initial – lequel n'est ni mâle ni femelle – qui a été coupé en deux. L'étymologie du mot sexe s'en souvient peut-être si l'on retient l'hypothèse selon laquelle ce terme viendrait du latin *secare*, « couper ».

Finalement, la retouche divine se résume à un geste simple : le Créateur partage sa création en deux parts égales. Égales et différentes, car les organes sexuels des deux ne sont pas identiques. Autant le sexe masculin est visible, autant celui de la femme est discret. La domination masculine en a longtemps déduit que le sexe féminin n'existait tout bonnement pas et le plaisir féminin pas davantage. Si l'opinion a changé, force est de constater que ce n'est pas grâce aux systèmes religieux, mais sous l'effet conjugué de la science et de l'émancipation féminine.

Si les organes sexuels de l'homme et de la femme sont des signes visibles de différence, il est plus difficile de savoir à quoi conduit ce constat. Ces organes sont-ils emblématiques de la différence ou bien en sont-ils simplement un rappel ? Les conséquences ne sont pas les mêmes. Dans le premier cas, la société se structurera en fonction de la différence sexuelle, dans le second, elle fera vivre cette réalité dans divers aspects de la vie sociale, selon les circonstances, et sans qu'une norme intervienne.

La suite du récit de la Genèse apporte un élément de réponse : les deux êtres humains qui se réveillent devant le Créateur sont désormais appelés *'ish*, « homme », et *'ishsha*, « femme », deux mots hébreux facétieux car leurs consonances sont aussi proches que leur étymologie est différente. Semblables et différents, l'homme et la femme le sont encore une fois.

Mais, sur le contenu éventuel de cette différence, le texte ne dira rien de plus. Au chapitre suivant il sera énoncé que les femmes enfanteront dans la douleur et que les hommes peineront aux champs[4]. Doit-on accorder de l'importance à ces indications de genre quand on sait que, de nos jours, la souffrance ne préside plus à toutes les naissances et que les travaux des champs ne sont le fait que d'une faible minorité d'hommes… et de femmes ? Ces traits genrés appartiennent à des cultures anciennes et meurent avec elles. Dans les dix paroles révélées à Moïse, appelées autrefois les « dix commandements », qui fondent les règles de la vie commune du peuple hébreu, il n'en est nullement question[5]. Les règles d'impureté énoncées dans le Premier Testament le sont pour les hommes comme pour les femmes, selon les spécificités anatomiques de chacun[6]. Plus tard, le regard de Jésus se posera sur tous et toutes avec la même bienveillance, sans accorder d'importance au genre de chacun. En aucune façon Jésus n'invitera les femmes à rentrer chez elles pour s'occuper de leur nichée. L'Évangile rapporte une scène dans laquelle une femme, sur le passage de Jésus s'écrie : « Heureuses les entrailles qui t'ont porté, les seins que tu as sucés[7]. » À cette interpellation, Jésus réplique que le bonheur n'est pas d'avoir une matrice ou des seins, mais d'écouter la parole de Dieu et de la mettre en pratique. Ni dans le Premier Testament ni dans les Évangiles la différence sexuelle n'est donc instituée en norme. Il semble bien que le Créateur n'ait rien à dire sur le sujet, quoi que les hommes de religion en pensent.

Au long des siècles, les Églises chrétiennes se sont alignées sur la domination masculine ambiante. Le monde juif n'y a pas davantage échappé. Aujourd'hui, il faut rappeler fortement l'égalité foncière instituée par le Créateur et confirmée dans la pratique par Jésus. Aussi suis-je d'avis que la différence sexuelle, si elle souligne que les êtres humains ne sont pas tous identiques, n'est pas un absolu qui doit structurer les sociétés.

Si nous revenons un instant au modelage d'une « aide qui lui soit assortie », un vis-à-vis, selon l'étymologie du mot hébreu, observons que le Créateur prononce cette phrase devant l'*adam*, l'être humain initial, auquel il cherche à porter secours, à tirer de la solitude. L'intention divine vaut pour ce qui résultera de l'*adam*, c'est-à-dire pour les deux êtres qui en surgiront. L'interprétation prônée par l'institution catholique, en particulier par les papes Jean-Paul II et Benoît XVI, qui attribue à la femme seule la vocation d'aider, est donc une fausse lecture. Bien évidemment, le texte biblique dit que l'aide est réciproque, chacun est appelé à être l'aide de l'autre. Et cette réciprocité s'étend à l'humanité tout entière. Les humains ont entre eux le devoir de s'entraider et de se protéger, et ils ont même l'obligation juridique d'aider l'autre à rester en vie, quand ils le peuvent. La plupart des législations établissent le délit de non-assistance à personne en danger. De ce principe d'aide énoncé par la Bible découlent non seulement la solidarité humaine mais aussi la fraternité.

À chaque être humain est due une bienveillance qui doit aller de soi : l'autre me vient, je ne le choisis pas. Si toutes les religions prônent la compassion, le christianisme est particulièrement attentif aux malades, aux prisonniers, aux handicapés. Ce qu'illustre la création de nombreuses organisations caritatives chrétiennes. Elles ont eu un effet d'entraînement considérable sur les sociétés où elles ont germé. Peu à peu, la puissance publique a pris le relais, mais de nouveaux besoins apparaissent toujours, que des petites structures attentives prennent plus rapidement en charge que les lourdes machines étatiques.

Mais l'acte créateur évoqué dans la Genèse implique beaucoup plus que ce souci de l'autre et nous entraîne encore plus loin. En effet, sans vis-à-vis, c'est-à-dire sans autre être humain en face de soi, c'est l'humanité même qui est manquante : elle n'advient pas sans altérité. De fait, tout au long de nos vies, notre dépendance à autrui se vérifie. Tout d'abord, il est impossible de nous croire autogénérés. Nous sommes tous nés, issus de deux parents qui nous ont donné leur voix ou la couleur de leurs yeux, et nous avons longtemps été dépendants d'eux, ou d'une communauté qui a pris soin de nous. Ensuite, nous n'avons pas une connaissance complète de nous-mêmes. En chacun, il y a un point aveugle qui l'empêche de voir la totalité de son corps et de connaître l'effet de ses paroles et de ses actes sur autrui. L'être que nous sommes est en dépôt chez tous les humains que nous côtoyons. Et chacun, en retour, dessine les contours de ses semblables. Ainsi, jusqu'à notre dernier jour, serons-nous à la fois celui que nous croyons être et celui qu'autrui nous révélera.

Sans doute la solitude de l'*adam* qu'a contemplée le Créateur était-elle si insupportable, si monstrueuse qu'il aura voulu nous en préserver à jamais. La leçon vaut pour tous les temps, le nôtre aussi.

*

Un pape catholique, au XXe siècle, à la tribune de l'ONU, prétendait l'Église « experte en humanité ». Une telle prétention n'appartient pas à une Église, mais nous croyons que la Bible et sa tradition portent une précieuse expertise sur l'humanité et sa place au cœur du vivant. C'est cette conviction puissante de la dignité et de la responsabilité des femmes et des hommes qui mérite d'être partagée. Nous tenons notre foi en l'humanité de notre confiance en Dieu. Nous croyons que les humains sont capables de faire face aux immenses défis qui se profilent et qu'ils peuvent le faire de façon fraternelle et solidaire.

IV

Laisser Dieu nous échapper

Certains disent que Dieu est mort, d'autres qu'il est partout et dicte leur vie, beaucoup ne savent que penser, jusqu'à ne plus prononcer son nom. Alors, qui est Dieu, où est-il, que fait-il, que dire ou ne pas dire sur lui ?

*

Le bruit d'une brise légère – Anne

Trois ans de sécheresse. Un ciel désespérément bleu, pas le plus petit nuage qui monte de la mer. La farine manque et les flancs des bêtes se creusent. Ce tableau aux accents très actuels nous vient de la Bible. Elle nous raconte une expérience de Dieu, celle du prophète Élie, qui vit dans un pays menacé au IXe siècle avant notre ère[1]. Devant l'angoisse qui monte, celui-ci se tient aux côtés de la population, croyants autant que païens. Pour tout compliquer, ce diable d'Élie, « zélé pour le Seigneur », s'est fait une ennemie redoutable, la reine Jézabel. Celle-ci adore un couple de dieux, Baal et Ashera, qu'Élie exècre. Pour lui ce sont de vulgaires idoles. Jézabel en veut à sa vie et le poursuit de manière acharnée. D'autant plus qu'au cours d'une mise en scène spectaculaire, Élie a ridiculisé la reine, les quatre cent cinquante prophètes de Baal et les quatre cents d'Ashera, incapables, malgré leurs gesticulations, de faire tomber une goutte de pluie. Il a suffi à Élie d'adresser une seule prière à Yahvé* pour que des torrents de

* Le nom de Dieu, ou Tétragramme, formé de quatre lettres où manquent les voyelles, est imprononçable. La *Bible de Jérusalem* adopte pourtant cette graphie vocalisée, qui n'est pas satisfaisante. Dans la liturgie, le nom qui convient est *Adonaï* en hébreu, ou « le Seigneur ».

pluie s'abattent. Élie, triomphant, les a tous égorgés, puis il a pris la fuite pour sauver sa vie. Cet homme puissant et tempétueux a peur. Au soir, allongé sous un genêt, il se laisse gagner par le mal de vivre : « Prends ma vie, Seigneur, car je ne suis pas meilleur que mes pères[2]. » Mais un ange le nourrit et il repart jusqu'à la montagne de Dieu, l'Horeb. Dans la grotte où il se réfugie, il entend Yahvé qui s'enquiert de lui. Élie raconte son combat, sa solitude, et son désespoir. « Et Yahvé passa », dit le texte. Il y a un ouragan violent, un tremblement de terre, une trombe de feu, mais Dieu n'est ni dans l'ouragan, ni dans le tremblement de terre, ni dans le feu. Élie entend alors le bruit d'une brise légère, « une voix de fin silence », ainsi que le proposent d'autres traductions. Intéressant : dans le silence, « ça » parle. Alors Élie se voile le visage. Mais le texte se garde bien de dire que Dieu est dans la brise. Puis le narrateur passe à autre chose, il envoie Élie en mission auprès de rois païens. Le cœur-à-cœur avec son Dieu ne dure pas, il lui faut se remettre en marche et agir selon la demande de Dieu.

Si la Bible utilise souvent la formule « Yahvé dit que », et lui confère des attributs positifs, elle affirme haut et fort que « nul ne peut voir Dieu et vivre[3] ». Dieu est autre, inaccessible : on ne met pas la main sur lui. Bien sûr, ce ne sont pas les prétentions humaines qui peuvent atteindre Dieu, lui l'Au-delà de tout, mais le croyant doit, par toute sa vie, respecter et faire comprendre cette altérité divine. Dans le judaïsme, les fameuses discussions rabbiniques où s'entrechoquent des positions antagonistes sont comme des buissons d'épines qui mettent une garde devant Dieu. Parler dignement du Tout-Autre revient à dire ce qu'il n'est pas et, mieux encore, à n'en rien dire du tout. Pour Élie, cette prise de conscience est la conséquence directe de l'expérience qu'il fait de Dieu. S'il monte à l'Horeb, c'est parce qu'il le cherche. Il est pris par deux tensions contraires. Il a soif de Dieu, mais doit admettre que, comme l'eau vive, celui-ci toujours échappe. D'un côté il sait que Dieu est proche, qu'il « marche au milieu de son peuple[4] », et de l'autre il en découvre le retrait, presque l'interdit. Ainsi la spiritualité juive valorise-t-elle la quête de Dieu, tout en exigeant que celle-ci ne tourne pas en volonté de le capter.

Pour préserver l'inaccessibilité de son Dieu, le peuple a ferraillé dur contre les idoles. Ainsi dans l'histoire du veau d'or façonné au désert[5]. Tout commence par un sentiment d'abandon éprouvé par le peuple pendant que Moïse, son médiateur a gravi la montagne pour s'entretenir avec Dieu. Ceux qui sont restés en bas demandent à Aaron, frère de Moïse, un dieu « qui aille devant nous[6] », un dieu sur lequel on puisse mettre la main. Tous jettent leurs bijoux au feu et Aaron modèle un veau. Enfin, le peuple a une figure à adorer. Quand Moïse revient et voit les siens prosternés devant le veau, il est furieux. Il jette violemment les tables de la loi gravées de la main même de Dieu – les secondes tables ne seront gravées que de la main de Moïse. Ce peuple, souvent dit « à la nuque raide », apprend à ses dépens que Dieu ne doit pas être représenté par des statues ni par des images : on ne fait pas de Dieu une chose. C'est une question de liberté. Pas tant celle de Dieu qui, par définition, est hors de toute prise, mais celle des êtres humains, que les idoles dégradent en les rendant esclaves de simples objets. Ce serait comme retourner à la servitude d'Égypte, au pouvoir oppresseur des puissants et parfois des institutions religieuses. L'histoire ultérieure des religions montre combien cette injonction biblique est d'une extrême sagesse.

L'idolâtrie n'appartient pas au passé. Elle habite chaque génération. Combien d'homélies et de leçons de catéchisme ont été émaillées de « Dieu veut », « Dieu interdit », « Dieu choisit » ! Celui qui prétend avoir prise sur Dieu peut aussi exercer un pouvoir sur autrui, et c'est là un abus : au lieu de servir Dieu, il le met à son service – pour contrôler les consciences, notamment en agitant la menace d'un Dieu qui juge. Récemment, on a vu le patriarche Kyrill, primat de l'Église orthodoxe russe, bénir (littéralement dire du bien « au nom de Dieu ») la guerre de conquête lancée par Poutine en Ukraine.

Les exemples contemporains d'idolâtrie sont abondants. Dans son versant politique, le providentialisme (croyance que la volonté de Dieu s'exprime en toute chose) des protestants américains permet de cautionner l'ordre établi. Selon ses adeptes, Dieu aurait placé chacun à sa juste place, certains sont riches et d'autres pauvres, mais « tout est pour le mieux dans le meilleur des mondes possibles » comme l'aurait dit le Pangloss du *Candide* de Voltaire, puisque tout est conforme à la volonté divine.

Mais si le monde est parfait, si le Royaume est déjà là, où va le cri des petits et des malheureux qui monte du peuple[7] ? Dieu l'entend-il encore ? Dans son versant populaire, catholique autant que protestant, ce Dieu trop présent devient magicien, sorcier, rebouteux, bouche-trou de nos ignorances. Le Bureau des miracles de Lourdes en est un magnifique exemple, qui définit le miracle comme ce que la science n'explique pas. À ce compte-là, Dieu n'a pas grand avenir…

Hier comme aujourd'hui, instrumentaliser Dieu, de quelque manière que ce soit, justifie la tyrannie des manipulateurs et conduit à l'asservissement des individus. En chemin, l'espérance s'évide de tout contenu et se perd. Que reste-t-il à espérer si tout est déjà conforme à ce qui doit être ? Et que reste-t-il à l'initiative humaine ? Au cours des siècles, le christianisme s'est hélas amplement adonné à cette idolâtrie.

Pourtant, il renouvelle radicalement la question. Jésus, Dieu fait homme, partage tout de la vie des êtres humains. Il est l'*Emmanuel*, c'est-à-dire « Dieu avec nous », ce nom que lui donne l'ange venu annoncer sa naissance à Joseph. Cette proposition est inacceptable pour le judaïsme et l'islam, car c'est la conception même de Dieu qu'elle entend changer.

S'il est bien un fils d'Israël, Jésus, « vrai Dieu et vrai homme », a un rapport à Dieu différent de ses aïeux. Il s'adresse de préférence à son « Père »*. Avec lui, il a une relation très forte de proximité et d'amour. Il ne cherche pas à en tirer un quelconque pouvoir, à la manière des démiurges grecs, mais il la vit dans le retrait, l'abaissement : « Lui de condition divine ne retint pas le rang qui l'égalait à Dieu, mais (...) il s'est abaissé, devenant obéissant

---

* Dans le seul Évangile de Matthieu, Jésus parle vingt-neuf fois de son Père et seulement onze fois de Dieu.

jusqu'à la mort[8]. » Jésus se met en retrait de sa divinité et, « fait homme », il s'abaisse encore dans son humanité en acceptant la dernière place, celle du bandit, du paria qui monte au supplice. Dans cette extrême proximité avec la part la plus obscure de l'humanité se dévoile une très étrange étrangeté de Dieu. La foi que proclament les chrétiens en Jésus Fils de Dieu, loin de résoudre le mystère de l'altérité divine, le creuse.

L'inaccessibilité de Dieu est réaffirmée par Jésus lorsqu'il répond à Philippe, le disciple qui voulait voir Dieu : « Qui m'a vu a vu le Père[9]. » Jésus ne dit pas qu'il est identique au Père, ni même qu'il est Dieu le Père. Il dit simplement que ses disciples ont, avec lui, tout ce dont ils ont besoin pour vivre leur foi. Celui qu'ils cherchent est là, c'est Jésus qui les invite à vivre comme lui, dans l'amour du prochain et le désir du Père. Ce faisant, il détourne la sempiternelle tentation de vouloir voir Dieu en invitant à chercher le Royaume, déjà là et à venir, un royaume à la dimension fraternelle prononcée.

La résurrection de Jésus va encore raviver la question de la présence de Dieu, donc de sa proximité. Les apparitions d'après Pâques, dans leur diversité, montrent le Ressuscité présent sous une forme à la fois sensible – il parle, il mange, on le voit et on l'entend – et insaisissable. Jésus, lorsqu'il dit à Marie la Magdaléenne : « Ne me touche pas[10] », confirme que l'on ne met pas la main sur Dieu. En même temps, il affirme à ses disciples : « Je suis avec vous jusqu'à la fin du monde[11]. » Cette promesse implique-t-elle pour autant que Jésus agisse directement, avec force prodiges, dans la vie de ceux qui croient en lui ? Je ne le crois pas, même si la possibilité doit rester ouverte – interdire à Dieu d'intervenir dans l'histoire humaine serait encore une fois savoir ce que Dieu peut ou ne peut pas faire. Quand nous prions, nous n'attendons pas la satisfaction de nos désirs – quand bien même parfois, nous le souhaiterions –, mais nous entrons en conversation avec Dieu, nous apaisons notre cœur, nous y voyons plus clair en nous-mêmes et nous nous fortifions devant les épreuves.

Pour moi, et aussi pour de nombreux croyants, selon un adage ancien qui rappelle que « Dieu exauce la nature » au lieu de la contrarier, je choisis de chercher et trouver sa présence à travers des médiations. La fréquentation de nos frères et sœurs, l'admiration que nous pouvons nourrir pour tel ou telle, la contemplation du monde, de sa force et sa fragilité, de sa beauté, toute la science et ses prouesses, toute la culture nous permettent d'entrevoir Dieu. Ici ou là, il nous semble reconnaître la main de l'« Artisan[12] ». Mais aucune de ces œuvres ne sont Dieu. Ni les arbres, ni les sources, ni les animaux ne possèdent une âme divine. La Bible est très claire sur ce sujet : il y a une alliance conclue avec tout le monde créé[13], un service à lui rendre, mais le monde n'est pas Dieu.

Nous choisissons aussi d'aller à la rencontre de Dieu en faisant place dans nos existences à plus grand que nous, comme Jésus y invite ses disciples. Il leur enseigne à prier leur Père qui est « dans les cieux », et à attendre le banquet de la fin des temps, en Dieu. Cette ouverture vers l'illimité fait partie de la définition chrétienne de l'être humain. La quête est le moteur de l'existence chrétienne. Nul n'est son origine ni sa fin. Nous n'existons que dépassés, ouverts à l'inconnu, pris dans la longue chaîne des vivants, une main dans la main de la génération qui nous précède et l'autre dans celle qui nous suit. Cela est vrai autant des individus que des civilisations. « C'est en moi que les îles espèrent », dit Dieu[14], magnifique image qui dit la solitude et l'attente des insulaires, aux yeux toujours tendus vers l'horizon…

Cette tension entre quête ardente et altérité radicale de Dieu est justement ce qui rend possible l'espérance. Aussi, quand Jacques Prévert dit : « Notre Père qui êtes aux cieux, restez-y ! », nous nous en réjouissons car l'espérance est ainsi rendue à l'humanité. En effet, le retrait de Dieu déporte ce dernier au terme de l'histoire, cet horizon que regarde celui qui espère.

Avec ce retrait surgit la liberté, à la manière dont, au tout début du monde, Dieu a maîtrisé le chaos et fait advenir la lumière. Et au milieu de ces « réalités avant-dernières* » où nous sommes

---

* En contrepoint aux « réalités dernières » que sont la mort et l'au-delà, le théologien Dietrich Bonhoeffer attire l'attention sur les « réalités avant-dernières » que sont nos existences terrestres.

plongés, le Christ ressuscité peut aller dans les tombeaux de nos vies réveiller nos talents les plus profondément enfouis. Alors, dans la « liberté de la gloire des enfants de Dieu[15] », les talents se déploient, comme réveillés par l'Esprit, poussant chacun à s'investir, selon ses charismes, dans la construction de ce que l'Évangile nomme le « Royaume ».

Élie, le puissant prophète, a réussi à se dépouiller de son vacarme intérieur pour percevoir la richesse d'un bruit ténu, une brise légère. Cette contemplation intime aura fortifié son espérance. Est-ce parce qu'il en était si fortement habité que la tradition juive prétend qu'il n'est pas mort, mais qu'il a été emporté sur un char de feu ? Périodiquement, Israël dit le revoir – lorsque tout va mal, et que l'on a trop besoin de lui… Pour l'éternité, Élie est donc attendu, afin de déverser sur les temps à venir sa hotte remplie d'espérance.

Le désir de l'âme – Christine

Alors que nous avons passé les années vingt du troisième millénaire, la question de Dieu s'inscrit dans un étrange paradoxe. En effet, Dieu, pour une part importante de la population mondiale, est toujours une évidence : il y a un Dieu qui est connu dans le cadre d'une structure religieuse, laquelle énonce diverses lois et commandements auxquels il faut se soumettre. Cette situation a été celle de l'Occident pendant les longs siècles de ce que nous nommons la « chrétienté ». Devant cette évidence de Dieu, point de question, l'athéisme est si peu de mise qu'il est quasiment inexistant, inenvisageable, le plus souvent illégal.

On notera cependant que du côté extrême-oriental du monde, bien qu'on trouve de très anciennes traditions religieuses toujours actives, Dieu n'a guère de place. Ainsi le milliard quatre cents millions de Chinois est supposé, selon ses autorités politiques, vivre sans référence à aucune transcendance. Les propositions religieuses y sont toujours regardées d'un œil inquiet par le pouvoir en ce qu'elles pourraient le concurrencer ou le détrôner. Au contraire, en Occident, là où la proposition des institutions chrétiennes s'est imposée comme la culture unanime pendant des siècles, on constate que s'est installée lentement mais sûrement, depuis environ deux siècles, une indifférence ou une négligence à l'égard de la question de Dieu. Beaucoup de nos contemporains considèrent que Dieu n'est plus d'actualité, qu'il appartient à un monde ancien, celui de croyances surannées, de mythologies et de superstitions dont ils n'auraient nul besoin.

Il est intéressant de se demander quelle image, quel visage de Dieu est ainsi disqualifié. Sans doute est-ce celle d'un Dieu omniscient, pesant chaque acte, examinant chaque conscience. Une sorte de Dieu de la police et de la justice, imposant sa loi dans les choses humaines et réglant la façon de vivre ensemble, d'organiser l'État, de traiter les richesses et les inégalités, mais aussi un Dieu des chambres, des couettes et des salles de bains, qui dirait ce qu'est un homme ou une femme, qui aimer, qui épouser ou ne pas épouser et la façon de vivre en famille. C'est ce Dieu des normes qui périclite en Occident où il subit les assauts de la démocratie et de l'éducation pour tous et toutes. Chacune et chacun revendique le droit de décider ce qui est bon pour lui-même librement dans le cadre de la vie privée, par le biais de la négociation démocratique dans l'espace public. Cette émancipation signe-t-elle la fin de Dieu ?

Il y a déjà quelques dizaines d'années que la mort de Dieu a été proclamée, mais force est de constater que ce mort bouge encore beaucoup et nous agite. D'abord parce que le Dieu ancien, celui des normes, n'a pas disparu. Il est la figure revendiquée par une partie des populations musulmanes qui vivent dans nos sociétés et aussi par les franges fondamentalistes tant du catholicisme que du protestantisme à travers les mouvements traditionalistes pour l'un, évangéliques pour l'autre. Mais il serait imprudent d'affirmer qu'il ne resterait de la question de Dieu que ces sortes de « buttes témoins », de survivances du passé. La question demeure et Dieu n'a pas disparu. Les populations dites

« de la postmodernité » peinent à s'abstenir de tout questionnement quant à une dimension qui échapperait à la technique, à la mesure, à la scientificité. Car cette « voix de fin silence », ce « murmure léger de la brise » que nous trouvons dans l'histoire du prophète Élie continue à nous tracasser. Finalement, nous ne sommes pas si certains que cela que nos vies se limitent à la matérialité de notre biologie. Pour beaucoup, ce questionnement ne dit pas son nom mais nous le voyons s'exprimer dans un certain nombre de pratiques qui échappent largement aux grandes institutions religieuses. C'est ainsi que se développe une culture de la méditation et du développement personnel où il est question d'atteindre une autre part de soi-même. Son âme ? Une aspiration à la transcendance qui ne s'avouerait pas ? Voilà trois décennies nous aurions parlé du New Age. Et nos contemporains qui toisent de leur scepticisme les croyances des grands monothéismes s'intéressent au chamanisme, au supposé pouvoir des pierres ou des cristaux…

Dans ce moment particulier et inédit, le christianisme se trouve comme partagé. Il appartient dans nombre de ses pratiques et de ses énoncés au monde ancien d'un Dieu des normes, sachant et surplombant, mais il permet aussi une expression plus spirituelle, plus mystique : il n'est pas étranger, tout au contraire, à la conviction qui habite beaucoup d'hommes et de femmes qu'il y a en dehors de leur propre conscience quelque chose d'autre, une conscience universelle à laquelle ils rechignent à donner le nom de « Dieu », comme si la nommer déjà la profanait.

Parmi les profanations du nom de Dieu, il faut nommer l'un des exercices auxquels le christianisme a aimé se livrer, celui de l'énoncé des preuves de l'existence de Dieu, comme s'il fallait imposer à Dieu une forme d'utilité, de nécessité : il faudrait qu'il existe pour justifier tel ordre de la nature, du cosmos, de notre raison… ces preuves de l'existence de Dieu sont une forme d'idolâtrie. Elles supposent d'enfermer Dieu dans une boîte, dans une définition, comme le catéchisme catholique du siècle dernier par questions-réponses qui faisait réciter à nos grands-parents : « Dieu est un pur esprit, éternel, infiniment parfait, créateur du ciel et de la terre, et souverain maître de toutes choses. »

La première chose à dire à propos de Dieu, c'est précisément de ne pas dire, ou plus exactement de dire que la mesure de Dieu échappe à notre mesure, qu'elle échappe à la mesure de nos mots, à la mesure de notre pensée. Toute la tradition de l'Écriture nous rappelle que nul ne peut mettre la main sur Dieu, l'enfermer dans des mots ou dans un raisonnement, dans une nécessité, et moins encore dans des preuves.

*

Nous nous inclinons devant le mystère d'un Dieu proche et lointain sur lequel nul ne met la main. Un Dieu bienveillant qui nous attend au terme de l'histoire. Nous, êtres humains, avons la responsabilité du monde et de nos frères et sœurs. C'est notre liberté et notre honneur. Pourtant, nous affirmons qu'il y a en chacun de nous un désir qui le dépasse, une inspiration et une aspiration, une dilatation, une tension, un désir de respirer dans un souffle plus ample que lui-même, peut-être dans cette « légère brise », ce « fin silence » dont l'histoire d'Élie rapporte l'expérience. Dieu n'est pas cette légère brise ni ce fin silence, mais c'est là que notre désir est rencontré que notre désir est désiré, pourrions-nous dire.

V

Chérir la liberté

On invoque beaucoup la liberté mais un doute nous étreint : sommes-nous les jouets du destin, soumis à des forces qui nous dépassent, ou disposons-nous d'une liberté réelle qui engage notre responsabilité ?

« *Va, vends ce que tu as et suis-moi* » – Christine

C'est une scène présente dans trois des quatre Évangiles, que l'on dit « synoptiques », ceux de Matthieu, Marc et Luc[1]. Elle est située en Judée, sur le chemin qui conduit Jésus à Jérusalem.

Alors qu'avec le petit groupe qui l'accompagne Jésus s'éloigne d'un village où sans doute il a pris la parole sur la place publique comme il a coutume de le faire, un homme les rejoint. Marc précise même qu'il court, comme s'il voulait rattraper la petite troupe. La tradition le dit jeune. Aucun texte ne le précise, mais sa course est un indice. En revanche, il est certain qu'il est riche. Luc le dit notable. Un homme installé, donc. Riche de quoi ? Marchand, propriétaire terrien ? Nous ne le savons pas, mais les sources sont unanimes : il possède de grands biens. Quoi qu'il en soit, cet homme se jette aux pieds de Jésus. Un dialogue s'ensuit dans lequel il assure à Jésus qu'il respecte les commandements, la loi de Moïse, et cela depuis sa naissance. L'Évangile de Marc est le seul à nous donner ici une précision singulière, la seule qui figure comme telle dans l'ensemble des textes évangéliques : « Jésus posa son regard sur lui et l'aima[2]. » Il est ordinaire de penser que Jésus regarde et aime les plus pauvres, les plus fragiles, les veuves, les affligés, les porteurs de handicap… Que cet homme soit riche et bien portant n'est pourtant pas un obstacle : d'un regard, Jésus l'aime, le choisit. Aussi ne va-t-il pas seulement le conseiller mais bien l'appeler à le suivre et à devenir son disciple.

Cette façon de faire est rapportée à plusieurs reprises. C'est ainsi que Jésus a composé le petit cercle des siens, ceux qu'il choisit. « Une seule chose te manque, lui dit Jésus, va, vends ton bien, donne l'argent aux pauvres et suis-moi. » On peut noter qu'à cet homme « plein de tout », richesse, sagesse, notoriété, Jésus parle de manque. À raison sans doute car si cet homme installé court derrière Jésus, c'est bien que, malgré les apparences, quelque chose lui fait défaut et que ce quelque chose est essentiel. Notre époque connaît ô combien ces figures qui ont tout, réussite, notoriété… et à qui cependant quelque chose manque. Dans cette scène de l'Évangile, l'homme a écouté son désir. Il a couru vers Jésus, cette phrase aux lèvres : « Que dois-je faire ?… »

Dans les récits d'appel des tout premiers disciples, Jésus les hèle au bord du lac sans qu'ils aient rien demandé. Ils posent leurs filets et suivent Jésus sans discussion et sans délai. De même Matthieu, le collecteur d'impôts, laisse là sa table, son écritoire et ses registres pour mettre ses pas dans ceux de Jésus. Ce qui fait l'originalité de l'histoire de celui que nous appelons le « jeune homme », c'est que lui s'en retourne tout triste car, nous dit l'Évangile, « il avait de grands biens ». Cette histoire peut donner lieu à bien des interprétations, en particulier sur le rapport à la richesse, d'autant que Jésus, regardant l'homme s'en aller – on peut aisément l'imaginer tête baissée et les pieds lourds –, a ce commentaire, quasiment ce soupir désolé : « Comme il sera difficile à ceux qui ont des richesses d'entrer dans le Royaume de Dieu ! »

Mais ce récit est d'abord la triste histoire d'un homme qui ne réussit pas à aller au bout de sa décision. Pourtant, il avait tout pour le faire, un puissant désir qui le fait courir derrière Jésus, ce regard posé sur lui, cet amour accordé sans raison, sans mérite, de façon purement gratuite. Et cependant, il ne peut pas. Il reste comme prisonnier de lui-même, de ses biens, de son histoire, de son héritage peut-être, au point que le regard de Jésus ne suffit pas à le libérer. Et nous aussi, lecteurs et lectrices de ce récit, nous n'en finissons pas d'être désolés pour lui.

Cette histoire a cependant une grande vertu, celle de nous rappeler que la liberté humaine, notre liberté, est entière, que nous sommes libres de décider de ce que nous faisons de notre vie, y compris face à une demande de Jésus. Par son refus, ce jeune homme, reparti avec sa vie et ses biens, en est l'illustration vivante. Le texte le dit triste mais il n'encourt, que nous sachions, aucune condamnation, aucun mot dur de la part de Jésus. Tout juste peut-on supposer que parce qu'il a posé son regard sur lui et l'a aimé, Jésus aussi ressent une tristesse à voir partir cet homme qui ne réussit pas à échapper à sa condition.

Cet épisode est d'une grande richesse puisque, à sa suite, les disciples, qui, eux, ont tout laissé et suivi Jésus, vont s'interroger sur leur rapport à leurs biens et à leurs richesses et à leur lien avec Jésus. Mais ce qui demeure extrêmement intéressant dans cette histoire, aspect qui n'est que rarement commenté, c'est bien l'existence de cette liberté en actes et respectée comme telle. Dans la longue histoire des Églises, ce texte est utilisé comme une sorte de repoussoir : « Ne faites pas comme ce jeune homme qui n'a pas su renoncer et qui n'a pas su suivre Jésus ! » Les institutions religieuses, loin de se réjouir de cette liberté, l'ont plutôt flétrie, l'homme en ayant fait selon elles mauvais usage. Une condamnation qui cependant ne trouve pas d'écho dans l'Évangile.

Les querelles sur la liberté réelle de l'humanité ont été constantes dans l'histoire des Églises chrétiennes. Ainsi en est-il de la querelle de la liberté et la grâce sur laquelle se greffe la question de la liberté humaine à l'égard du mal. La grâce est le don que Dieu fait afin de nous rendre capables de choisir le bien. D'où cette interrogation : ce don ménage-t-il un espace à notre liberté ? La grâce de Dieu tombant littéralement sur l'humain est-elle irrésistible au point qu'elle annihile sa liberté ? Et sans le secours de la grâce, l'être humain est-il si corrompu par le péché qu'il lui est impossible de choisir le bien ? On trouve ces questions dès le IVᵉ siècle dans une dispute qui oppose Augustin d'Hippone (saint Augustin) et le moine Pélage, où il s'agit de savoir comment les efforts humains s'accordent à la grâce divine. Problème complexe qui réapparaît avec la grande querelle janséniste en France au XVIIᵉ siècle. Tout cela peut sembler bien lointain, bien obscur et sans grand rapport avec les soucis des hommes et des femmes contemporains. Et pourtant, la liberté reste au cœur du questionnement humain, même quand le souci de Dieu et de la grâce s'efface. Aujourd'hui, nous ne parlons plus de la grâce ou du péché mais nous éprouvons les contraintes et les assignations qui pèsent sur chacun et chacune d'entre nous.

Les sciences humaines contemporaines, sociologie, psychologie, anthropologie, comme les sciences dites « dures », en particulier la biologie et en son sein la neurologie et la génétique, nous apprennent à quel point nous sommes liés, et mis en mouvement à la fois par nos gènes et par notre psychogenèse. L'héritage biologique de nos ancêtres, la façon dont nous avons été élevés, ce qui nous est arrivé quand nous étions enfants, notre milieu social, culturel, économique, tout cela semble constituer une sorte de filet serré, une gaine, un carcan qui réduirait presque à néant notre capacité à déroger à un destin tracé, à une histoire déjà écrite, programmée… Oserons-nous encore affirmer que nous sommes libres quand pèsent sur nous tant de contraintes ? Nous sommes nés à une date sur laquelle bien entendu nous n'avons aucun contrôle, à tel ou tel endroit et nous savons à quel point naître dans un pays occidental riche et non en Inde, en Chine, en Afrique n'est pas égal… Nous savons aussi combien dans de nombreux pays du monde naître homme ou femme est déterminant, combien la pesanteur sociale économique et culturelle, dès les toutes premières années de l'enfance, atteint notre capacité à pouvoir choisir notre vie, nous extraire de notre milieu.

Que nous reste-t-il de liberté quand les travaux de Freud et de la psychanalyse nous apprennent à quel point nous sommes modelés, parfois brisés par des expériences enfouies au fond de notre psychisme, que nous ne contrôlons pas mais qui nous contrôlent lourdement ? Les biologistes nous disent que la façon dont nous sommes nourris, l'air que nous respirons, l'eau que nous buvons vont avoir des conséquences sur l'espérance et la qualité de notre vie. À quoi s'ajoute la somme de ce qui a un impact sur notre existence sans que nous le voulions, tant la grande histoire du monde que les petites histoires de nos familles. Aujourd'hui les champs de la recherche sociologique aggravent encore notre sentiment d'être prisonniers des mailles serrées d'une forme de fatalité : être femme, noire, homosexuelle, née dans la périphérie d'une grande ville ou être homme, blanc, occidental, éduqué dans une famille riche... Il y a des intersections de malheur comme de bonheur.

Si tant de nos contemporains cèdent au fantasme complotiste, c'est bien parce qu'ils doutent de leur liberté. Si nous sommes mis en mouvement par des forces qui nous dépassent, superstructure, sociologie, n'est-il pas envisageable que nous soyons manipulés ? Comme nos lointains ancêtres, ainsi qu'Homère les décrit dans l'*Iliade*, peut-être sommes-nous les jouets sinon des dieux, du moins de puissances occultes et cachées ?

L'histoire du jeune homme de l'Évangile nous dit quelque chose de précieux à deux titres. Le premier, c'est que cet homme qui se jette aux pieds de Jésus est considéré par celui-ci comme capable de décider de le suivre. Certes, il ne le fait pas, il est retenu par ses « grands biens », mais il aurait pu, sinon de lui-même, avec l'aide de Dieu. C'est d'ailleurs ainsi que Jésus conclut : « Ce qui est impossible pour les hommes est possible pour Dieu. » Ce que Dieu rend possible, c'est la liberté humaine, même, et peut-être surtout, si cela semble difficile. Cette histoire établit donc la réalité de cette liberté. Même face à Jésus, même face à l'amour de Jésus pour lui, cet homme reste libre et Jésus ne le contraint à rien. Cette liberté est comme le contrepoint de tant d'autres qui s'expriment dans la Bible et, en son sein, dans les Évangiles : liberté des prophètes dans le Premier Testament, liberté des hommes et des femmes qui à l'appel de Jésus laissent tout et changent de vie pour le suivre. Ceux qui ont laissé leurs filets, leur barque, leur famille, leur table de collecteur d'impôts, ces femmes qui suivaient Jésus dont on nous dit que l'une était l'épouse de l'intendant d'Hérode, ou cette autre que Jésus libère de ses démons et qui va l'accompagner jusqu'à la croix et au tombeau vide. Ce sera elle, Marie de Magdala, qui proclamera la résurrection : Jésus libre au point de n'être pas retenu par la mort.

La deuxième chose que porte cette histoire de refus – et c'est là son paradoxe –, c'est qu'elle met en scène la liberté effective, réelle, de chacun et chacune. Et c'est sans doute là l'un des enseignements les plus puissants que porte le christianisme : cette liberté de tout être humain de répondre à un appel, à un désir, de rompre toutes les assignations de sa vie. Cette liberté est à l'œuvre à travers la longue histoire des croyants au cours des siècles, histoire faite de ruptures qu'on nomme parfois « conversions », rupture avec ses biens, ses habitudes, parfois sa famille quand celle-ci exerce une sorte de contrainte tribale, pour aller vers une vie autre, une vie neuve.

Cette affirmation d'une liberté « de reste » au-delà de toutes les assignations sociales, culturelles, économiques, capable de réparer les blessures, de remettre en marche, de rouvrir l'avenir, est sans doute l'un des grands trésors du christianisme et celui qui mérite d'être considéré à nouveaux frais. Cependant, rien ne nous prouve que nous soyons effectivement libres. Peut-être prenons-nous des décisions à cause de nos programmations socioculturelles… C'est donc un véritable acte de foi que nous posons en affirmant cette liberté. Non une foi religieuse, mais une foi dans l'humanité. Nous disons qu'il y a en chacun et en chacune d'entre nous un point non négociable de liberté, un lieu non aliénable, inviolable – que sans doute on peut appeler « conscience ».

Vient ensuite la grande question : être libre pour le bien signifie l'être aussi pour le mal.

Affirmer la liberté de l'être humain, c'est aussi affirmer sa responsabilité.

Responsables envers nous-mêmes, envers autrui, envers la planète – Anne

L'une des découvertes les plus tragiques de nos existences est notre responsabilité envers nous-mêmes. Avec tous les déterminismes dont il vient d'être question, nous devons assumer qui nous sommes. Entre celui que sa mère a abandonné dans une poubelle à sa naissance, celui qui hérite d'une maladie génétique ou celui qui a perdu ses jambes à cause d'un chauffard, nous devons tous et toutes vivre dans ce corps handicapé ou ce psychisme blessé. Plus ou moins indemnes ou cabossés, nous portons envers nous-mêmes la responsabilité de notre vie. La porte est toujours étroite entre révolte et déni, entre plaidoirie victimaire et accablement… Le christianisme, outre qu'il espère de la science qu'elle progresse et de la justice qu'elle fasse son travail, valorise cette responsabilité.

De deux manières : par un travail sur soi et par l'aide d'autrui.

Le travail sur soi est appuyé sur le « Connais-toi toi-même » grec ; il vise à ce que nous devenions sujets de notre vie, c'est-à-dire à être en paix avec nous-mêmes et avec Dieu. Cela commence parfois en criant notre révolte, en reprochant notre sort à Dieu, comme le fait Job dans la Bible. Job, riche et pourvu d'une famille nombreuse et heureuse, devient pauvre, malade, et la plupart de ses proches meurent. Mais il finit par découvrir que Dieu n'est pas responsable de son sort. À lui de regarder la réalité en face et de « faire avec ». Cela peut se réaliser en tentant d'intégrer la blessure dans notre identité. Mais souvent, nous peinons à neutraliser notre souffrance, et nous avons besoin du secours d'autrui. Le christianisme a toujours été à l'écoute du malheur, il nous appelle avec insistance à le soulager sans d'abord nous soucier de son origine. Ainsi, dans l'épisode de l'aveugle de naissance[3], les disciples questionnent Jésus : « Qui a péché, lui ou ses parents, pour qu'il soit né aveugle ?

– Personne », répond Jésus. Réponse très ferme par laquelle il coupe les chaînes interminables des responsabilités que l'on reporte sur l'un, puis sur l'autre.

Les blessés de la vie sont de notre responsabilité. Il est important que leurs médecins soient compréhensifs, la justice amène, l'entourage compatissant et la société solidaire. La moindre manifestation de soutien ou d'estime représente beaucoup pour un souffrant. Et c'est aussi par la qualité du service rendu que celui qui subit pourra trouver ou retrouver la paix avec lui-même et prendre conscience que sa vie telle qu'elle est, puisqu'elle est la sienne, est belle. Mais notre responsabilité s'exerce également envers les biens qui sont entre nos mains. Argent, smartphones, réseaux sociaux… lesquels libèrent, lesquels asservissent ? À nous d'apprendre que nos regards diffèrent selon que nous sommes riches ou pauvres. Ainsi les pays riches peuvent-ils critiquer le charbon qui pollue, tandis que les pays pauvres, qui n'ont pas d'autre source d'énergie, ne veulent pas y renoncer. Du superflu, il devrait être plus facile de s'alléger car les biens ne sont que de la matière inerte, qui plombe plus qu'elle ne donne de jouissance. Mais la lucidité sur cette aliénation n'est pas donnée à tous. Songeons au film de Gérard Oury *La Folie des grandeurs* où Yves Montand, le valet, fait couler les pièces d'or dans ses mains pour réveiller son maître, Louis de Funès, en lui chantant : « Il est l'or, mon sign-or, de se réveiller (...) il est huit or. » Ce dernier se dresse alors en s'écriant : « Il en manque une ! » En même temps, il oblige son valet à se courber devant lui en permanence, en somme il l'humilie. Bel exemple de la déshumanisation à laquelle condamne la course aux richesses.

À raison, le christianisme a tenu les biens à distance. Les riches ont été encouragés à la générosité et le souci des pauvres dans l'ordre de la charité est une constante chrétienne. Mais le juste équilibre dans l'usage de ce que l'on possède est difficile à trouver. Le christianisme n'est pas d'abord une ascèse ; si Jean le Baptiste mangeait des sauterelles au désert en signe de frugalité[4], Jésus, lui, mangeait avec les gloutons[5].

« Le catholicisme, c'est le soleil », disait Albert Camus[6], lui-même amoureux de la lumière et de la mer. Hélas, le détachement à l'égard des biens est souvent passé par le mépris du monde et, plus grave encore, par la condamnation du désir comme du plaisir. Un courant puissant du christianisme a voulu anéantir le désir et la volonté propre, soumettre le corps et l'âme afin de se tourner vers Dieu, avec les dérives que l'on connaît en matière d'abus spirituels et sexuels. Ces pratiques sont en totale contradiction avec la liberté que Jésus reconnaît au jeune homme riche du récit évangélique.

Si le christianisme doit affirmer le respect absolu de la conscience et la responsabilité du sujet, il doit aussi retrouver une réelle admiration pour le corps, comme l'y invite la tradition juive dont il est issu. « Merveille que je suis », dit le psalmiste[7]. Cela s'applique en particulier à la sexualité, dont il faudra bien un jour reconnaître la place éminente dans la structuration d'une personne.

Face à l'urgence écologique, le christianisme est en revanche bienvenu de rappeler avec force la nécessité d'une distance critique à l'égard des biens. S'adapter, s'habituer à de nouveaux rapports avec notre planète, modérer notre consommation d'eau, d'énergies fossiles, de viande, voyager moins et mieux, enrayer drastiquement la croissance démographique, recycler au lieu de jeter, aller vers une « sobriété heureuse », selon l'expression de Pierre Rabhi, et redistribuer au niveau mondial des biens de première nécessité (eau, médicaments...) : le christianisme a là une parole et une expérience à partager s'il consent à ne pas se présenter comme le détenteur d'une doctrine, mais accepte d'être lui aussi en chemin. La vérité ne s'enferme pas dans des coffres-forts, elle se construit dans la rencontre.

*

Nous affirmons que malgré les nombreux déterminismes auxquels nous sommes soumis, il existe une liberté de reste. Nous sommes assurés que cette liberté, si ardemment désirée, et toujours fragile, est en quelque sorte garantie par Dieu. Elle fonde une responsabilité dont nous ne pou-

vons pas nous dégager : le monde est entre nos mains, nous ne pouvons pas nous en retirer. La question des biens et des richesses est cruciale. Elle nous oblige à exercer notre conscience critique, en particulier face à la crise écologique et environnementale.

VI

Faire face au mal

Chaque jour, l'horreur du mal nous étreint, nous sommes pris de vertige devant le déploiement de la cruauté, d'autant que nous savons que nous n'y sommes jamais totalement étrangers. Une part de nous y consent et parfois s'en réjouit. Sommes-nous irrémédiablement mauvais ?

*

« Voici l'homme » – Anne

En latin, *Ecce homo.* C'est ainsi que Pilate, le gouverneur romain, présente Jésus à la foule. « Voici l'homme »[1], dit-il. Mais quel homme ?

Pour lui, Jésus est un simple suspect qu'il s'apprête à rendre aux chefs juifs, comme un paquet trop encombrant. Dès lors qu'il le juge innocent, il souhaite le relâcher. Ce Jésus que les foules applaudissaient à grands cris quelques jours plus tôt a été arrêté au cœur de la nuit. Désigné par son ami Judas, il a été saisi parmi les siens par des gardes en armes et retenu jusqu'à l'aube par les autorités religieuses juives. Au matin, il a été conduit à Pilate qui l'a interrogé puis l'a donné en pâture à ses sbires qui l'ont fouetté, lui ont mis une couronne d'épines sur la tête, l'ont revêtu d'un manteau de roi pour se moquer de lui. Une distraction de soldats : les enfants arrachent bien les pattes d'une mouche, alors…

Des histoires comme celles-là, il n'y a pas que les Évangiles pour en rapporter, elles sont hélas courantes. Parfois, ce ne sont que des petites tyrannies ordinaires qui finissent par mal tourner. Un mari violent tue sa femme, des jeunes harcèlent et ridiculisent des copains de classe sur les réseaux sociaux, et des adolescents en meurent. Pourquoi font-ils cela ? Ils répondront tous la même chose : « On ne voulait pas lui faire du mal, c'était juste pour s'amuser. »

L'arrestation de Jésus avait déjà été marquée au coin de la cruauté. Par un baiser, l'ami Judas l'avait livré à la troupe venue l'arrêter. Jalousie ? Déception ? En tout cas, il avait bien manigancé son affaire avec les chefs du Temple. Au même moment, ses disciples ont détalé comme des lapins. Quelques heures plus tard, c'est Pierre, son plus proche, qui, interpellé par une simple servante, a nié par deux fois : « Je n'en suis pas. » Par ces quatre petits mots gorgés de peur, Pierre a ruiné trois années de fidélité et d'amitié – les plus enthousiasmantes de sa vie… Jésus, lui, n'a pas trahi, pas renié. Il savait que Judas allait le livrer et il a partagé avec lui son dernier repas. Il a gardé sa confiance à Pierre : « Quand tu seras revenu », lui dit-il[2], anticipant son reniement, mais esquissant déjà une suite. Un avenir existe.

Voilà donc un homme capable de plus d'humanité au moment même où on cherche à la lui enlever. Jésus, au lieu de se révolter contre son sort, de maudire Dieu et la terre entière, ne rend pas le mal pour le mal. Au contraire, il le combat. Pendant toute sa vie publique, il a fait le bien. Il est venu pour libérer et il a libéré ; pour guérir, et il a guéri. Il sait que seule une bienveillance inconditionnelle peut faire reculer le mal. Les méchants ne sont-ils pas aussi des souffrants ? L'amour sauve, comme des sauveteurs vont au secours d'un blessé. Mais en Judas, Jésus se heurte à une pulsion destructrice irréductible : « Mieux aurait-il valu pour cet homme de ne pas naître », dit-il[3]. Terrible phrase…

Dehors, les chefs juifs vocifèrent. Dans la Judée occupée et sous gouvernorat romain, ils n'ont pas la capacité judiciaire de mettre quelqu'un à mort, ils ont besoin du bras armé de Pilate. S'acoquiner avec l'occupant, l'ennemi, peu leur importe, la fin justifie les moyens. Ce Jésus les inquiète : il est connu et aimé du peuple, il fréquente qui il veut, il ne respecte pas toujours les lois de pureté, il guérit et chasse les démons. Il ne mesure pas sa parole ; avec des mots comme les siens, il monte les petites gens contre les chefs. En somme, il est bien trop libre. Alors ils présentent Jésus comme un agitateur qui veut se faire roi. Tout cela est faux. Une erreur judiciaire se profile, comme tant d'autres dans l'histoire.

Et Pilate se laisse convaincre, quand bien même il ne voit aucun grief à retenir contre ce Jésus. « Voici l'homme », dit-il et il ajoute, joignant le geste à la parole : « Je m'en lave les mains. » La vie, la mort se décident entre chefs, sans l'intéressé. Nous sommes dans la logique de ce que l'évangéliste Jean appelle le « monde », cette grande machinerie de pouvoir qui recouvre les êtres humains d'un filet aux mailles si serrées qu'il les étouffe et les broie.

La loi du monde, hier comme aujourd'hui, est celle des puissants. Aussi, quoique la mort de Jésus soit bien une erreur judiciaire, elle n'est cependant pas une méprise. Elle a une nécessité interne que les évangélistes placent dans la bouche de Jésus lui-même : « Le Fils de l'homme doit (...) être mis à mort.[4] » S'il n'y avait pas eu Judas et sa trahison, une autre circonstance se serait présentée : les chefs religieux étaient très fermement déterminés à neutraliser Jésus, convaincus qu'ils étaient de défendre l'honneur de Dieu en condamnant un blasphémateur*. Quant à Pilate, sa lâcheté était très ordinaire. Chacun des protagonistes incarne à sa manière la profondeur du mal. Ils montrent que l'affrontement était inévitable.

Jésus va donc être mis en croix entre deux malfaiteurs, solidaire des parias, des oubliés de l'histoire, des rebuts du monde. À l'un des deux qui reconnaît sa faute, il promet le paradis.

Puis il entre dans la douleur de l'agonie, il gémit : « Mon Dieu, mon Dieu, pourquoi m'as-tu abandonné[5] ? » ? Lui qui aurait pu demander à son Père douze légions d'anges pour le sauver, il vit sa fin dans la solitude absolue[6]. Jusqu'au bout, il reste solidaire des êtres humains. Il est le frère de toutes les solitudes, de tous les abandons, de toutes les détresses.

Ce récit a deux mille ans, il pourrait dater d'hier et avoir pour théâtre les massacres d'Ukraine ou les effroyables tueries scolaires aux États-Unis. Notamment celle du 24 mai 2022,

---

* Un blasphémateur est quelqu'un qui insulte Dieu. Il encourt la peine de mort, simplement pour ses paroles.

où dix-neuf enfants et deux enseignants sont morts sous les balles d'un jeune homme de dix-huit ans, gratuitement, dans un délire de toute-puissance. Mais plus encore que dans la main meurtrière du jeune tueur, le mal n'est-il pas à l'œuvre dans les esprits des hommes politiques qui, pour des intérêts financiers ou électoraux, laissent les armes en vente libre ? On serait en droit d'attendre de l'ensemble des courants religieux américains une mobilisation générale. Mais les responsables religieux, qu'ils soient catholiques ou protestants, ne veulent pas aller à contrecourant et contrarier leurs ouailles. Ils s'en tiennent aux prières. Et pourtant le mal est à nu.

Alors, que change pour nous la mort de Jésus ? Rien apparemment. Nous négocions toujours nos actes comme nous le pouvons, entre notre liberté de conscience et nos déterminismes. Et le mal recommence chaque matin. Comment nous libérer des peurs, des humiliations, des délires paranoïaques qui tous nous poussent à une violence meurtrière ? Pourtant, en ces jours-là, à Jérusalem, quand Jésus va au bout du combat, lui, l'innocent, prend le mal sur lui. Au sens propre, le mal lui traverse le corps, jusqu'à lui ôter la vie. Jésus rejoint ainsi toutes les victimes du mal. C'est une considérable victoire de l'amour, de la fraternité. Mais nous ne sommes pas pour autant délivrés du mal. Nous semblons toujours être à sa merci. Oui, il faut avouer une certaine déception, et surtout une impuissance qui peut décourager. Sans doute cet aveu fait-il partie de la solution. Il nous permet de ne pas oublier que, désormais, le mal est entre les mains de Dieu, non parce qu'il en est l'auteur ou le responsable mais parce qu'il s'est engagé pleinement, totalement, « corps et âme », dans ce combat. À nous de faire reculer le mal, à Dieu de le vaincre. Jésus nous a libérés d'une tâche trop lourde : séparer le bon grain de l'ivraie est impossible avant la récolte.

Devant la persistance du mal, les chrétiens vivent donc une espérance très particulière, tendue entre la certitude de l'engagement total de Dieu contre le mal et l'obligation de travailler eux-mêmes pour le faire reculer dans le monde. Quantité d'exemples le confirment. Nous connaissons tous quelqu'un qui a connu un drame, comme la perte d'un enfant, d'accident ou de maladie et qui fonde une association afin que « plus jamais » cela n'arrive. C'est l'espérance qui le guide. Ce trait nous alerte sur l'une des caractéristiques de l'espérance. Si elle n'est qu'un langage convenu, si elle ne mord pas, ne serait-ce que d'une griffe, dans la réalité et l'épaisseur des existences, elle s'étiole et se perd. Elle doit prendre corps.

Les leçons de la Passion vont plus loin encore. Elles soulignent la valeur du don et du pardon. Librement, Jésus donne sa vie. Le don par amour est la clé de toute vie. Point n'est toujours besoin de mourir pour donner, mais il faut donner un peu de soi pour fonder une société. Sinon c'est la guerre : le monde se divise sous l'emprise du diable, dont l'étymologie est *diabolos*, le « diviseur », et finit par se détruire. Et surtout, Jésus pardonne « Père, pardonne-leur, ils ne savent pas ce qu'ils font[7]. » Le pardon aussi est la condition de la vie en société. Il permet au fautif de retrouver un élan de vie. L'estime de soi revient dans l'espérance d'un avenir. Ainsi, les groupes de pardon entre victimes et bourreaux qui ont été institués en Afrique du Sud après l'apartheid et au Rwanda après le génocide ont montré leur utilité.

Et Jésus meurt, dans la déréliction. Les femmes sont là, au pied de la croix. Elles témoigneront à la fois de la véracité de la mort et du tombeau vide. Elles seront les messagères d'une espérance née de la mort. Car l'espérance est une vertu qui ne peut naître que de la désespérance. Elle est bien au-delà de l'espoir – espoir de ceci ou de cela. L'espérance s'inscrit au terme des larmes et de l'angoisse quand, à vue humaine, tout semble écrit, achevé.

Le christianisme, fondé sur l'événement tragique de la Croix, éclaire les innombrables passions et tragédies qui se déroulent tous les jours. L'optimisme de la fin du siècle passé a laissé place à un désarroi proche de l'affolement. Le tragique est là, mais qu'en faisons-nous ? Certes, il est salutaire de tourner le dos au dolorisme des siècles anciens, de mettre au grenier ces crucifix, obscènes de douleur convenue. Mais ce serait perdre une partie essentielle de notre humanité que de fermer les yeux sur le mal. Le déni actuel dans lequel nos sociétés s'égarent trop souvent compromet la vie, la vie bonne que nous aimons tous. On ne perd rien à admettre le mal en soi, au contraire. On devient plus humble, donc plus sociable et plus fraternel.

Il est indispensable de retrouver un langage actuel pour nommer le mal, le désigner comme tel, dans son âpre et brutale réalité. Il faut savoir le faire sans pointer immédiatement tel ou tel péché comme s'il fallait trouver des raisons et des coupables afin de le mettre à distance, ou plus pervers, comme si Dieu en était coupable. Nous savons que la réalité du mal a trop souvent été instrumentalisée. Des courants théologiques ont mis l'accent sur le péché et ont enraciné le sentiment de culpabilité dans les cœurs pour mieux asseoir leur pouvoir sur les consciences. À l'opposé, les propositions du développement personnel font preuve d'un angélisme dangereux en considérant qu'il suffirait de mieux se connaître pour mieux se conduire. Face au mal, le christianisme, lui, regarde la Croix ; c'est là qu'il puise sa lucidité.

La Passion ne se réduit pas à au seul acte de

mourir de Jésus. Pendant les heures qui précèdent sa mort, Jésus conserve à l'égard de ses adversaires un respect qui force l'admiration. Avec les grands prêtres, le gouverneur romain, les bourreaux, la foule hostile, Jésus ne polémique jamais, au sens propre du mot. Il n'entre pas dans l'escalade de la violence : quand on lui pose une question, il laisse son interlocuteur face à lui-même, ou acquiesce à ses paroles. Ainsi, une porte reste toujours ouverte entre eux. Dans ses moindres mots, dans toutes ses attitudes, Jésus reste enclin au pardon.

À cause de cette puissance de vie qu'elle délivre, du début jusqu'à la fin, la Passion se révèle être une affaire bien trop sérieuse pour être confisquée par les professionnels de la religion. Ceux-ci l'ont fait monter au ciel, et ont voulu y voir un règlement de compte entre un Dieu le Père courroucé et un Fils obéissant ; conflit dont nous serions les spectateurs passifs. En réalité, la Passion habite pleinement sur terre. Ce sont nos désarrois, nos abîmes, nos tragédies et parfois nos victoires qu'elle illustre. Mieux que des traités de philosophie, elle contribue à répondre aux grandes questions de l'humanité sur le mal, la mort, la violence. Par elle, le sens jaillit de nos existences. « Voici l'homme », a dit Pilate. N'a-t-il pas tout dit ?

La fraternité en actes – Christine

Sous nos latitudes, la croix chrétienne est omniprésente. Même si elle a quitté les écoles et les tribunaux, elle surplombe toujours les clochers des églises, s'invite aux croisées des chemins, plantée là à l'occasion de missions ou de pèlerinages anciens ou faisant mémoire de la mort tragique de quelqu'un sur la route. Les joueurs de foot se signent sur le terrain, après ou avant un tir au but, sans qu'on sache précisément ce que ce geste signifie, louange, supplique, simple superstition... Partout nous retrouvons cette croix, qui souvent porte un corps supplicié. On peut en être irrité, par sentiment antireligieux ou par attachement à une laïcité qui souhaite renvoyer l'expression religieuse à l'intimité des temples et des maisons, ou au contraire parce que ces croix, dont bien peu aujourd'hui connaissent le sens, feraient passer le signe, en le banalisant, au rang de vestige plus ou moins folklorique.

On peut arracher ou décrocher ces croix, en revanche il sera beaucoup plus difficile d'en effacer la trace dans nos consciences. Les chrétiens disent que celui qui y a été condamné n'était pas seulement un homme aux qualités exceptionnelles, un prophète héroïque, mais Dieu lui-même, acceptant d'affronter l'injustice, la souffrance et la mort à parts égales avec l'humanité, comme n'importe quel humain. Cette extraordinaire affirmation d'un Dieu qui partage, sans rien s'épargner, la condition humaine dans sa dimension la plus tragique, a transformé le regard de l'humanité bien au-delà de la foi chrétienne. C'est la loi du plus fort qui est renversée, quand Dieu prend part à la faiblesse et à la vulnérabilité humaines. Dès lors, plus jamais celui ou celle qui est fragile, vulnérable, accusé, coupable, condamné, à tort ou à raison, n'est seul. La Croix affirme la fin de la solitude. Elle instaure une solidarité absolue avec celui ou celle qui souffre. Elle fonde la fraternité parce qu'elle l'affirme contre le fratricide.

La tradition religieuse a lu la mort de Jésus sur la croix comme un déicide – c'est l'accusation qui a été portée contre les Juifs, contre toute raison, Jésus lui-même étant juif. La condamnation à mort de Jésus est d'abord un homicide avec préméditation, un crime contre l'humanité. Décidé par les responsables religieux de Jérusalem qui de toute évidence craignaient que la présence et la parole de Jésus ne dérangent la bonne marche de leurs affaires – l'Évangile de Jean est explicite : « Dès ce jour-là donc, ils résolurent de le tuer[8] » –, ce crime trouve la complicité de la trahison, du reniement et de la lâcheté du côté des amis et disciples de Jésus. Déni de solidarité, de fidélité, de courage… C'est encore l'Évangile de Jean qui met en scène au pied de la croix un étrange dialogue entre Jésus, sa mère et un disciple qui n'a pas fui. Jésus, désignant sa mère, dit : « "Femme, voici ton fils." Puis il dit au disciple : "Voici ta mère."[9] » La tradition catholique a choisi d'y lire la maternité de Marie sur tous les croyants. On peut aussi sûrement y lire l'instauration d'une fraternité entre Jésus et ce disciple et, à travers lui, d'une fraternité universelle. D'ailleurs, lorsque Jésus ressuscité entre en dialogue avec Marie de Magdala devant le tombeau au matin de Pâques, il lui dit : « Va trouver mes frères et dis-leur : "Je monte vers mon Père et votre Père, vers mon Dieu et votre Dieu."[10] » C'est la première fois que Jésus nomme ses disciples « frères ». Ce terme et celui de « sœur » deviendront courants dans les premières communautés croyantes.

Le christianisme instaure donc d'emblée une fraternité universelle qui prend sa source dans l'épreuve de la Croix. Ce n'est pas une fraternité philosophique mais existentielle, signée dans le sang. Et quoique les organisations chrétiennes n'aient pas échappé à la tentation du pouvoir et de la hiérarchie, elles n'ont pas effacé cette dimension qui a largement fécondé les siècles jusqu'à nous.

Aujourd'hui, alors que les menaces qui pèsent sur les êtres humains sont plus dangereuses que jamais, ce ferment chrétien qui a ensemencé le monde mérite d'être défendu sans relâche. Affirmer cette fraternité, c'est refuser d'instaurer des hiérarchies entre les êtres humains. C'est dire que tous et toutes sont dignes de cette Terre, et cela sans considération de leur origine, de leur sexe, de leur richesse, de leur éducation… Ce levain chrétien, ce sel de la terre, a contribué à enraciner l'idée que les pauvres sont honorables, que leur sort n'est pas mérité, qu'ils ne sont ni maudits ni assignés à leurs conditions de vie. Le christianisme a aussi amplement contribué à prendre en considération les malades, les fragiles, les handicapés qui n'ont pas moins de droits à la fraternité, au contraire. Le christianisme a même été plus loin car Jésus, laissant en héritage l'impossible commandement d'« aimer ses ennemis » et de « prier pour ceux qui (vous) font du mal[11] », et réalisant sur la croix cet amour et ce pardon, l'a rendu possible. La dignité humaine ne s'éteint pas dans le criminel. Même lui n'est pas rejeté de l'humanité comme s'il en était devenu un corps étranger. Certes la justice humaine passe et s'exprime, mais le christianisme affirme qu'il n'y a pas de monstre et que nul, aussi coupable soit-il, n'est retranché de l'humanité. À cause de cette conviction, les conditions d'emprisonnement doivent demeurer humaines. Il faut ici s'étonner que des sociétés et des civilisations se réclamant du christianisme aient pu si longtemps maintenir la peine de mort, et ce alors que les chrétiens avaient sous les yeux, sur la croix, la preuve la plus éclatante d'une condamnation cruelle et injuste, d'une erreur judiciaire absolue : l'innocent condamné. Il a fallu attendre août 2020 pour que le pape François demande à l'administration vaticane (la Congrégation pour la doctrine de la foi) de rectifier le Catéchisme, c'est-à-dire la norme en vigueur dans le catholicisme, afin d'y inscrire que la peine de mort est « inadmissible car elle blesse l'inviolabilité et la dignité de la personne ». Enfin…

Il reste que cette affirmation de l'absolue dignité de la personne humaine et de la fraternité universelle, qui aujourd'hui excède très largement l'attachement à la sphère chrétienne, y trouve son origine, son terreau, ou plus exactement sa terre nourricière. L'extinction du christianisme, en perdant le lien vivant et vital avec cette bienveillance, mettrait l'humanité au risque de choisir non plus la dignité inconditionnelle mais de juger l'utilité des personnes. Face aux épreuves qui s'amoncellent devant nous, aux menaces de pénurie alimentaire, et de gigantesques flux migratoires, que se passerait-il si s'effaçait le souci des vulnérables et des fragiles, au profit de la préférence pour les forts et les puissants ? L'histoire du dernier siècle et ses totalitarismes, en particulier le nazisme, a montré à quoi conduisaient les idéologies de la force.

Mais ce que la Croix affirme de la façon la plus radicale, c'est ce que nous pouvons nommer « la préférence pour la vie de l'autre ». La fraternité révélée en Jésus le Christ ne met pas seulement un signe égal entre ma vie et celle de l'autre : c'est une fraternité de préférence. Si je dois choisir entre ma propre vie et la vie de l'autre, je suis capable de choisir l'autre. Cette capacité se révèle dans le cœur de l'être humain, dans des actes d'héroïsme, de don de soi qui ne cessent de nous impressionner. Il n'est évidemment nullement nécessaire d'être chrétien pour accomplir de tels actes. Chaque jour, des hommes et des femmes sauvent des personnes qu'elles ne connaissent pas au risque de leur propre vie.

Ce que nous affirmons, c'est que ces actes, pour être exceptionnels et admirables, n'en sont pas moins normaux au sens où ils révèlent la véritable nature de l'humanité ; et nous disons que c'est là le sceau de Dieu dans nos vies, sa marque, celle qui fait de nous ses fils et ses filles, capables du don qui surpasse tout, le don de nous-même.

C'est parce que nous sommes appuyées sur cette foi que nous pouvons sans hésiter persister dans l'espérance, même devant les plus grandes épreuves.

*

Le christianisme s'est construit sur le mystère de la mort librement consentie d'un innocent. Nous n'avons pas honte de la croix pour la simple raison que tous les jours, en de multiples lieux du monde, des innocents meurent injustement. Loin de nous détourner avec crainte et horreur de l'absolue faiblesse, nous la regardons comme toujours digne parce qu'elle a été habitée et sauvée par ce Jésus en lequel nous voyons Dieu prenant totalement part à la fragilité humaine. C'est sans doute là que se trouve le trésor le plus précieux du christianisme et ce qui le singularise radicalement : cette affirmation que rien n'est jamais perdu et que tous et toutes sont happés dans une fraternité universelle qui ne connaît aucune exclusion au point de préférer la vie de l'autre à la mienne. Telle est l'extraordinaire espérance chrétienne. Elle est capable de changer le monde…

VII

Aimer l'avenir

Devant les périls qui menacent de toute part, risques de guerre, de famine, désastres environnementaux, de grandes questions nous étreignent : où va le monde ? A-t-il un sens, une fin ? Y a-t-il un après ? Que pouvons-nous craindre ? Qu'espérons-nous ?

*

« *Puis je vis un ciel nouveau et une terre nouvelle* » – Christine

C'est par ces mots que commence la dernière grande vision du dernier livre du Nouveau Testament, l'Apocalypse, dont le nom ne signifie pas « catastrophe », comme le langage courant le laisse entendre, mais « révélation » ou « dévoilement ». C'est donc cette vision, d'une nouveauté totale puisqu'elle englobe et le ciel et la terre, qui est dévoilée et offerte comme horizon. Mais avant de considérer ce point de vue grandiose, littéralement cosmique, il faut revenir à l'origine de cette radicale nouveauté, à Jérusalem, devant le tombeau où le corps du condamné Jésus a été déposé. Selon les textes évangéliques, le corps a été réclamé à Pilate par un homme, Joseph dit d'Arimathie – du nom de ce qui semble être une localité proche de Jérusalem. Le Sabbat, jour de repos, va commencer, et pas n'importe lequel, celui qui coïncide avec la grande fête de la Pâque. Ce jour-là, qui est pour nous le vendredi soir, et jusqu'à la nuit du samedi, nul ne bouge de chez lui et tout travail est prohibé. Joseph a donc enveloppé le corps dans un linceul et l'a déposé dans un tombeau, une cavité creusée dans la roche devant laquelle une pierre est roulée afin d'empêcher les animaux de déranger la sépulture.

Au matin du troisième jour, notre dimanche, c'est devant ce tombeau inexplicablement ouvert et vide que la véritable nouveauté percute le cours du temps. Une chose inouïe, inimaginable, incommensurable… Celui qui était mort, supplicié au bois de la croix, n'est plus là. Et non seulement son corps est manquant, mais d'abord les femmes qui l'ont suivi jusqu'à Jérusalem, puis les hommes qui l'ont accompagné sur les chemins, les disciples, vont énoncer cette parole insensée : « Celui qui était mort, nous l'avons vu, nous l'avons rencontré, il est vivant. » Parole insensée puisque tout à la fois elle contredit l'expérience des sens et le sens commun : nul n'a jamais vu un mort redevenir vivant ; et chacun sait bien que la mort sur la croix n'est pas un coma, pas une perte de conscience. D'ailleurs, le texte, pourtant sobre sur le supplice, a indiqué l'acte final des bourreaux : ils ont vérifié la mort de la victime en lui perçant le côté. Il est bien mort, le doute n'est pas permis.

Parmi les brefs récits évangéliques de cette extraordinaire expérience, deux d'entre eux, celui de la rencontre avec Marie dite de Magdala, dans l'Évangile de Jean, et celui des pèlerins d'Emmaüs, dans celui de Luc, ont un point commun. Marie comme les disciples, lorsqu'ils comprennent que celui qu'ils viennent de rencontrer comme vivant est bien « celui qui était mort », entament une course pour annoncer ce dont ils viennent d'être témoins. Le neuf, ce neuf absolu, les met en mouvement. Ce neuf, depuis près de deux mille années, nous le nommons « résurrection ». Ce mot d'origine latine traduit le grec *anastasis* qui signifie « se relever » ou « se redresser ». Aujourd'hui, le terme de « résurrection » est un mot si usé à force d'être répété que c'est comme si son sens s'était dissous.

Il est bien difficile de retrouver le jaillissement originel, cet événement qui fend la mort comme la mer s'était fendue devant le peuple qui fuyait dans l'histoire de Moïse.

Traverser la mort, la considérer comme un passage et non comme une fin, c'est bien la proposition chrétienne, son cœur battant, sa folie. Là où, à vue humaine, nous ne pensions voir que le néant, la foi chrétienne offre un horizon. C'est une promesse et une espérance tout à la fois. Cette promesse est celle d'un sens qui vaut pour toute la vie. Elle ne se limite pas à ce qu'on appelle communément l'« au-delà » ou la « vie éternelle » mais contamine par avance la vie ordinaire, quotidienne. C'est cette espérance d'un « après » qui habite le christianisme. La promesse spirituelle rencontre une conviction bien ancrée dans le cœur de l'être humain, chevillée à son être, que toutes les épreuves se traversent. C'est une conscience extrêmement précieuse alors que les nuages les plus sombres s'amoncellent sur le présent et le futur immédiat, crainte de guerre, de famines, de grandes catastrophes climatiques, de déséquilibres mondiaux accompagnés d'amples mouvements migratoires avec leur lot de tragédies.

Le christianisme nous enjoint de regarder ce temps et tout particulièrement ce temps d'épreuves comme un temps de passage et précisément comme un temps que nous sommes capables de passer. C'est d'ailleurs dans ce contexte de danger et de bouleversement que le livre de l'Apocalypse est écrit. Déjà à l'époque, les choses ne vont pas bien et les méchants et les persécuteurs semblent bien prendre l'avantage. Or la promesse et l'espérance d'un « ciel nouveau », d'une « terre nouvelle », loin de provoquer une résignation ou une paralysie, changent radicalement la façon de vivre le présent. Si nous pensons que le présent est une impasse sans remède, la situation est tragique : pourquoi avancer puisque nous avançons vers un obstacle, vers un mur ? En revanche, si nous pensons qu'il y a du neuf devant nous, alors nous sommes capables de trouver les moyens de traverser, d'aller au-delà de l'épreuve qui se présente.

Il faut ici faire droit à une grande objection selon laquelle l'espérance d'un au-delà qui effacerait les souffrances de cette terre serait synonyme de résignation à l'égard du temps présent et d'indifférence au monde d'ici-bas au nom de ce qui viendrait après. Cet écueil, les traditions religieuses ne l'ont pas toujours évité. L'histoire montre que la foi en la résurrection a pu conduire à une sorte d'illusion mystique et à une forme de mépris du monde, aussi bien de ses malheurs que de ses plaisirs et ses joies. La promesse d'une vie nouvelle a aussi été largement utilisée comme une forme de chantage dans une prédication de la peur qui invoquait la crainte de l'enfer et de ses tourments éternels pour mieux contrôler les comportements. Reconnaissons aussi que le christianisme s'est trop souvent acoquiné avec le pouvoir et les puissants pour maintenir un ordre social stable en jouant à la fois de la promesse d'une vie meilleure à venir et de la menace d'une condamnation à la damnation en cas d'insoumission. N'hésitons pas à dire qu'il s'agit là ni plus ni moins d'une escroquerie morale et spirituelle. Le christianisme ne propose ni une échappatoire ou une issue de secours ni même une consolation en disant : « Tout va très mal sur la terre mais peu importe puisqu'il y a une échappée vers le ciel. »

La traversée du temps et de la réalité, aussi âpre soit-elle, est ce à quoi nous sommes assignés. Tenter d'y échapper serait oublier que Jésus lui-même ne s'épargne pas d'aller au bout de la réalité telle qu'elle s'impose à lui. Nous aussi, nous traversons le temps de notre vie comme l'humanité traverse le temps de son existence sans que nous en sachions le terme. Nous appartenons au règne du vivant comme personnes humaines et en tant qu'espèce. Ce qu'il advient de nous lorsque nos fonctions biologiques s'interrompent, nous n'en savons rien. Le christianisme affirme avec puissance que nous sommes en devenir, en accomplissement, et que le souffle de Dieu, l'aspiration de Dieu nous appellent. Cette affirmation est appuyée sur l'événement de la résurrection de Jésus. Évidemment, nulle preuve ne peut être produite sinon la foi portée de génération en génération. Dans la foi, nous affirmons que Jésus a ouvert une voie. Désormais, dans le mur de la mort, il y a une faille par laquelle nous sommes appelés à passer.

Au long des siècles, les mystiques, les théologiens, les artistes ont tenté de « représenter » cet après, cette résurrection, ce paradis… Soyons ici très fermes : nous n'en connaissons rigoureusement rien. Le christianisme, dans sa tradition la plus assurée, est extrêmement discret et sobre. Tout juste peut-on trouver ici ou là, dans des formes plus poétiques que doctrinales, des promesses de festin, de joie, d'abondance, de réconciliation universelle où le lion et l'agneau vivront ensemble sans inquiétude…

Il est cependant sage que chacun et chacune puissent imaginer cet après dans les formes culturelles qui sont les siennes. Pour les uns ce sera une vision proche du banquet final qui clôt les albums d'*Astérix*, pour d'autres les accents triomphant de la *Résurrection* de Haendel…

Beaucoup, au cours des siècles, ont espéré que, dans cet après, ils retrouveraient ceux et celles qu'ils ont aimés, mais nul ne peut en avoir la certitude. Ce que nous savons en revanche, à cause de la résurrection de Jésus, c'est que cet après n'est pas une fusion dans un « grand tout », dans une conscience universelle qui effacerait la singularité de chaque être. L'unicité de la personne et son identité sont sauvées. Le témoignage de ceux qui ont fait l'expérience de la rencontre avec Jésus ressuscité est sans équivoque : il est bien l'homme qu'ils ont connu, portant les marques de sa vie et même les traces de son supplice. Nous n'en savons pas davantage, mais c'est déjà beaucoup.

Que nos existences ne soient pas promises au néant ne nous épargne pas la rudesse des réalités terrestres. L'épreuve de la perte et du chagrin, de l'injustice, le face-à-face avec le mal et la cruauté, tout est réel. La promesse du christianisme ne justifie aucune passivité, aucune résignation, tout au contraire. Elle doit nous donner la capacité et le désir de relever tous les défis, d'affronter les difficultés, puisque dans la foi nous tenons l'issue pour certaine ; ainsi que le dit le premier écrivain chrétien Paul de Tarse, ni le mal ni la mort n'auront le dernier mot : « Oui, j'en ai l'assurance, ni mort ni vie, ni anges ni principautés, ni présent ni avenir, ni puissances, ni hauteur ni profondeur, ni aucune autre créature ne pourra nous séparer de l'amour de Dieu manifesté dans le Christ Jésus notre Seigneur[1]. »

Si nous, chrétiens, avons au cours des âges trop souvent montré des visages attristés, c'est que sous le poids du jour nous avons oublié le cœur de la promesse qui nous est faite et de l'espérance qui est la nôtre. Souvent aussi, sous l'influence des prédications de la peur qui nous faisaient craindre les foudres divines et la damnation éternelle, nous nous sommes laissé ronger par une morale scrupuleuse et tatillonne. Penchés sur la misérable comptabilité de nos fautes et de nos mérites, nous avons oublié que nous étions des « relevés », des « remis debout ».

Retrouver la joie jaillissant de la résurrection ne fait pourtant pas de nous des illuminés sottement optimistes. Nous ne nions ni les difficultés ni les épreuves, mais notre regard est orienté. Nous avons un horizon, un avenir qui nous appellent. C'est pourquoi nous pouvons lever les yeux et nous attabler avec d'autres pour célébrer la joie de la marche commune. C'est d'ailleurs ce que nous sommes invités à vivre et célébrer dans l'eucharistie – la messe pour les catholiques –, qui n'est pas la réitération d'un rite sacrificiel où il faudrait fournir éternellement une victime afin d'apaiser le courroux d'un Dieu impitoyable, mais une sorte d'avant-goût de la promesse qui nous est faite. Le « ciel » et la « terre » se rencontrent, dans une incroyable flexion du temps où ce qui a été, ce qui sera et ce qui est sont présents : la vie et la mort de Jésus, sa résurrection, et la promesse que nous aussi nous serons vivants avec lui.

C'est ce que célèbrent ou devraient célébrer les Églises. Dès aujourd'hui, nous sommes engagés dans la longue marche vers une terre nouvelle et des cieux nouveaux où, comme le texte de l'Apocalypse le promet, « de mort, il n'y en aura plus ; de pleur, de cri et de peine, il n'y en aura plus, car l'ancien monde s'en est allé[2] ».

Notre prochain habite l'avenir – Anne

La militante écologiste Greta Thunberg n'est qu'une toute jeune femme dont l'espérance de vie atteindra près de quatre-vingt-dix ans. Mais son désir d'espérance va plus loin que le décompte de ses années. À l'ONU où elle a été invitée en septembre 2019, elle a dit, au bord des larmes : « Vous avez volé mes rêves et mon enfance avec vos paroles creuses. » Terrible accusation ! Pour elle, « la menace est existentielle[3] ». Bien sûr, elle se demande si la société la protégera suffisamment du risque climatique pour qu'elle reste en vie. Et si tout était fini, si devant était sans chemin, barré, néantisé ? En clair, si la planète disparaissait ? Ces questions, partagées par beaucoup, montrent l'ampleur de la désespérance actuelle. Celle-ci est aggravée par la faiblesse de l'espérance promise, au point que Greta Thunberg assène : « Je ne veux pas espérer, je ne veux pas de votre espoir[4]. » Ce n'est, dit-elle, que mensonge, aveuglement, jeux de pouvoir, refus de voir la réalité en face. L'écrivain J. M. G. Le Clézio trouve un sens à sa colère : « Elle parle (...) aussi pour ses enfants à naître et, au-delà des humains, pour notre Terre tout entière, dans sa précieuse et fragile beauté[5]. » Elle se plaint qu'on l'ait privée d'un temps qui va bien au-delà de sa vie, d'une espérance illimitée.

La crise actuelle se lit dans notre incapacité à réagir de façon constructive devant la menace écologique. Or il est urgent et vital d'y arriver. L'action ne pourra s'imposer que si nous nous forgeons une véritable espérance collective, une espérance chevillée au corps capable de traverser le temps pour atteindre son terme, l'éternité.

Le sentiment de désespérance ne date pas d'aujourd'hui, ni même d'hier. Le monde a toujours connu des tragédies qui ont arraché les êtres humains à toutes leurs attaches, moments où même l'horizon tombait dans un abîme. Ainsi en a-t-il été en 1940, quand la guerre a poussé la moitié de la France sur les chemins de l'exode. Pourtant, l'espérance n'était pas morte. Dans l'ombre, elle a mobilisé les esprits, jusqu'à produire cet immense travail de refondation sociale et politique qui a vu le jour en 1945.

Dans la Bible, l'exemple le plus tragique est celui de la chute de Jérusalem, la ville chère au cœur du peuple juif, en 587 avant notre ère. Exilé au bord des fleuves de Babylone, il pleure son malheur sans parvenir à prendre la harpe pour chanter. Pourtant, cette période sera l'une des plus fructueuses de sa pensée sur Dieu. Prophètes et scribes écrivent des récits d'une espérance folle, comme le premier chapitre du livre de la Genèse où est scandé sept fois ce refrain : « Et Dieu vit que cela était bon. »

Quelque temps après cette épreuve, le peuple a cherché à connaître cette force qui le faisait avancer malgré tout. Apparaît alors dans la bouche des prophètes le thème de l'attente de la venue de Dieu, matérialisée par l'expression le « Jour du Seigneur », qui désigne la fin des temps, quand Dieu viendra pour juger. Jour de justice universelle donc, où tout malheur sera éradiqué, toute injustice lavée, jour d'exaucement de tout ce qui n'a pas pu être et que Dieu mènera à son accomplissement. Tout ce qui aura désespéré l'être humain, tout le négatif de l'histoire en somme, se dissoudra et se convertira en bien.

À leur tour, les premiers chrétiens s'interrogent intensément sur le temps. Tout d'abord, ils sont convaincus de l'imminence du retour du Seigneur, ou parousie, c'est-à-dire « présence » ou « venue ». Cette conviction est si prégnante que, pour eux, ce retour n'a pas de date fixe, mais il est vécu comme une réalité toute proche, à portée de main et de vie. La présence d'un Dieu de justice et de paix se vit dès aujourd'hui. Il en résulte un dynamisme extrême qui s'entend dans cette formule par laquelle ils se saluent : *Maranatha*, « Le Seigneur vient »[6]. La force et la joie sont telles qu'elles rejaillissent dans la vie présente et l'illuminent. Cet enthousiasme – mot qui veut dire « émotion, transport vers Dieu » – se manifeste dans le culte. De fait, le dimanche reflète à la fois la victoire de la résurrection et l'annonce du retour du Christ. On mesure combien la foi est le support de cette immense ambition.

Ce travail sur le temps a des conséquences considérables. Si nous sommes mobilisés par ce qui doit arriver au terme de l'histoire, notre identité elle aussi sera déplacée en ce terme. « Votre vie est cachée en Dieu », dit Paul[7]. Aussi sommes-nous tendus vers cet accomplissement heureux de tout ce que « l'œil n'a pas vu, ce que l'oreille n'a pas entendu, ce qui n'est pas monté au cœur de l'homme, tout ce que Dieu a préparé pour ceux qui l'aiment[8] ». De tels propos ne sont ni un rêve de démesure, ni un désir de vengeance sur la vie, ni la nostalgie d'un temps utérin. Leur intention est de donner l'énergie nécessaire pour agir dès aujourd'hui. Ils mobilisent en faveur du bien-être et même du bonheur de tous et toutes. Ils permettent de déplacer radicalement notre perspective qui d'ordinaire part de notre commencement et en fait dépendre tout le cours de notre existence. De même, l'histoire générale de l'humanité est lue à partir de son origine. Le christianisme, lui, affirme que la vocation de chaque être humain, comme celle de l'humanité, n'est pas tant inscrite en son commencement que dans son accomplissement au terme de l'histoire. Nous pouvons dire que nous sommes appelés par notre avenir. C'est dans cet appel que s'opère le lent modelage de cet être humain total que le Créateur a voulu à son image. Cette reconnaissance est une promesse considérable.

Qui parmi nous, même s'il éprouve un sentiment d'échec, de ratage, de piètre estime de lui, n'a pas la puissante et intime conviction qu'il pourrait, qu'il aurait pu être celui qu'il voudrait être ? Nous croyons intimement que nous valons plus que ce que nous arrivons à être. « Je mesure avec stupeur à quel point j'ai été flouée », disait Simone de Beauvoir[9]. Oui, nos actes nous forgent et nous engagent, mais notre être les dépasse. Toutes nos potentialités, tout ce qui a été entravé en nous, tout cela va vers la fin des temps comme vers un accomplissement. Cette espérance si communicative a été celle de saint Irénée au IIIe siècle, l'un des penseurs chrétiens les plus pétris d'espérance. Il plaidait que l'humain était inachevé, en devenir, en attente d'accomplissement, non seulement sur terre, mais aux cieux.

Pour autant, dans l'espérance de cet accomplissement, le temps doit être habité. La nature offre le rythme des jours et des saisons, la culture humaine forge des rites. Sans rites, le temps glisse : il nous possède sans nous associer à son œuvre. Grâce aux rites, au contraire, le temps est scandé et nous sommes intégrés à son déroulement. Dans la linéarité du temps s'immiscent des dimanches, des feux de la Saint-Jean… Et le Premier de l'an, on s'embrasse sous le gui. Dans la même veine, les sacrements permettent de rythmer les grands passages de la vie, donc de les « accrocher » au temps. Leur nombre importe peu. L'essentiel est que celui qui reçoit le sacrement le vive de façon existentielle, non pas comme une ornementation de la vie, comme il irait au concert ou au théâtre, mais dans un processus qui engage totalement son être. Actuellement, dans le catholicisme, il arrive trop souvent que les rites soient dégradés en ritualisme et même parfois en une sorte de magie. Pour que « ça marche », il faudrait impérativement que tel mot soit prononcé, tel geste fait de telle façon. Or le rite n'est pas un sortilège. Il a certes besoin d'un cadre, de gestes, d'objets qui lui soient associés, comme le feu dont la lumière transperce la nuit de la veillée pascale, ou l'eau que reçoit le nouveau baptisé, mais il a aussi besoin de la réponse de celui qui s'engage. Lorsque le langage devient tout à fait incompréhensible, tant les gestes que les mots, le rite court le grand risque d'être désaffecté, déshabité. C'est le triste constat que nous faisons, en particulier du côté du catholicisme.

Le regard chrétien sur l'espérance est si riche

que l'on pourrait même dire que l'espérance est le seul véritable sujet du christianisme, sa source, son fondement, son carburant… Sa force est de fonder l'espérance sur une fin des temps certes inconnue, mais habitée par un Dieu qui attend l'être humain autant que celui-ci l'attend.

Enfin, il marie l'espérance à l'éthique : pas d'espérance sans se retrousser les manches. Paul de Tarse met en garde ses interlocuteurs contre la tentation de la désaffection du monde[10]. Bien au contraire, dit-il, la vie ici-bas est un temps où l'on se dépêche de faire le bien, afin d'être trouvé digne du ciel[11]. Greta Thunberg aussi réclame l'action : « Je veux paniquer ; je veux agir pour éteindre le feu de la planète[12]. » Comment ? La porte est sans doute étroite, mais elle existe. À la question « Qui est mon prochain ? » posée à Jésus, la réponse des croyants que nous sommes est évidente : notre prochain vient après nous. Il n'est pas encore né, mais déjà, il nous oblige.

*

Aimer l'avenir

La résurrection de Jésus partage l'histoire du monde. Elle est comme la pierre d'attente – saint Paul dit les « arrhes » – de la promesse ultime qui nous est faite, celle d'un monde réconcilié, dans lequel ni le mal ni la mort n'ont le dernier mot. Cette promesse est devant nous, elle est notre horizon et elle nous éclaire déjà. C'est elle qui nous donne la force de combattre dès aujourd'hui tout malheur et toute injustice. Nous ne succombons pas à la peur, nous ne nous décourageons pas car nous savons à qui nous avons donné notre foi et quelle espérance nous soutient. Ce qui sera peut déjà paraître et, chaque jour, nous proclamons que nous sommes appelés par notre avenir.

CONCLUSION

Une maison de renaissance

Tout au long de ces pages, nous avons chanté l'espérance, cette vertu fondamentale dans laquelle s'ancrent nos âmes[1]. Bienheureuse espérance qui pousse les murs de nos existences vers leur au-delà ! Or nous avons constaté ensemble combien l'espérance se porte mal en Occident. Non seulement l'avenir semble bouché, mais il paraît même ne plus exister. Et alors que nous sommes face à des problèmes considérables et inédits, pour lesquels nous aurions plus que jamais besoin d'espérance, nous la voyons s'étioler, et bien souvent mourir. Comme tant d'autres espèces qui, ces temps-ci, disparaissent de la planète, l'espérance aussi est en péril. Ses prédateurs ? Ce sont la suspicion, la lassitude de la quête, un certain rationalisme étroit, le fait que les religions elles-mêmes n'ont pas été à la hauteur de leur message et aussi que chacun de nous a trop souvent renoncé à espérer. À force de vouloir rationaliser la résurrection, on en a enlevé la force.

Pourtant, il n'est pas de plan qui sauverait l'espérance, ni de réserve qui la protégerait. L'espérance ne tient qu'à nous. C'est nous tous et toutes qui la portons, dans notre désir de vivre à pleins poumons. Par ailleurs, elle n'est pas une vertu qui se pratique seul. Elle se vit collectivement et se communique de proche en proche, comme un feu. Par toute sa vie, par sa mort et sa résurrection surtout, qui sont les gages d'une espérance illimitée, Jésus a allumé ce feu, et l'embrasement qu'il a suscité a fait se lever des générations de croyantes et de croyants qui ont fait de leurs vies une marche ininterrompue vers le Royaume, dans la certitude que leurs existences n'étaient pas vaines. Aujourd'hui, ce feu n'a pas disparu. Il indique toujours les portes du ciel, cette demeure où nous sommes attendus. Car « notre cité à nous est dans les cieux », dit Paul avec force[2].

Si le christianisme nous invite à rouvrir l'avenir, levons donc nos têtes vers ce ciel dont nous sommes citoyens, car nous les humains ne sommes pas des taupes condamnées à vivre dans la noirceur du sous-sol ou des rats prisonniers de cachots fétides ; nous avons besoin de beauté, de lumière, de souffle. Nous regardons le ciel le jour comme la nuit, non pour oublier notre nature terrestre, mais pour y plonger nos yeux illuminés d'espérance. Le ciel n'est pas vide. La proposition chrétienne a fait ses preuves, il n'y a aucune raison de penser que la modernité la discrédite. Certes, il faut accepter de renoncer à des théories trop simplistes, trop binaires, telles ces distinctions trop tranchées entre le bien et le mal par exemple, pour entrer hardiment dans la complexité du monde moderne qui trop souvent nous réduit au silence. L'« honnête homme » du XVIIe siècle n'existe plus, mais ce qui l'a remplacé c'est d'un côté le savant, emmuré dans son savoir particulier, de l'autre le suiveur de l'opinion commune, prêt à gober des inepties inqualifiables. N'y a-t-il plus de place pour un « honnête chercheur de sens » qui hériterait des qualités de son ancêtre ? Non pour devenir un ou une encyclopédiste, mais simplement pour vivre heureux dans une histoire assumée, la sienne.

Les immenses trésors du christianisme sont encore à découvrir par un nombre plus grand que ceux qui, actuellement, en jouissent. Une transmission intelligente et désintéressée n'a pas été faite. Transmettre n'est d'ailleurs rien d'autre que « rendre compte de l'espérance qui est en nous.[3] » Et surtout, ces trésors peuvent être confrontés aux acquis de la modernité. Les questions fondamentales que nous avons abordées demandent toutes à être revisitées et approfondies : qu'est-ce que l'être humain ? Qui est Dieu ? Sommes-nous libres ? Que faire du mal ? Quel est notre rapport au temps ? Où est notre espérance ?… Nous n'avons fait qu'effleurer ces thèmes qui au cours des siècles ont rempli des bibliothèques entières. Qui dira que ces questions sont démodées ? De génération en génération, n'avons-nous pas toujours nos vies à accomplir ?

Mais leur approche doit être renouvelée.

Pour que renaisse le christianisme, il y a donc des initiatives à prendre. Dans le domaine de la pensée d'abord, afin d'acquérir l'intelligence de notre foi. Aussi, nous n'en resterons pas à ce manifeste. Nous vous confions notre intention de créer dès octobre 2022 une Fondation pour la renaissance du christianisme. Déjà, en octobre 2021, au lendemain de la publication du rapport de la CIASE (Commission indépendante sur les abus sexuels dans l'Église), dirigée par Jean-Marc Sauvé, nous en avons posé les bases. En lançant un « Appel pour une Église fiable », nous avons, d'une certaine façon, effectué quelques forages pour connaître la nature du sol où nous voulions élever cette fondation. Vous avez été nombreux à signer cet appel et à contribuer par vos dons à nous en donner les moyens. Ce livre dresse encore très grossièrement les plans de cette construction. Au cours de l'automne 2022, nous lançons un nouvel appel afin de donner à cette fondation les moyens dont elle va avoir besoin. Ce seront des murs qui devront tenir bon pour porter le flux des recherches. Que ferons-nous dans cette « maison de renaissance » ? En ligne, nous proposerons à toute personne compétente et désireuse d'enrichir ces sujets à venir nous faire part de ses travaux. Nous espérons pouvoir offrir des bourses d'études à des jeunes, universitaires ou non, et nous les inviterons à nous rendre compte de leurs recherches. Nous organiserons bien sûr des débats, des rencontres, car le christianisme, s'il est affaire de raison et d'intelligence, n'est pas l'apanage des savants. Notre souhait est que ce lieu virtuel soit un lieu de liberté, d'échanges, et d'évangélisation, au sens le plus simple et le plus fort du terme ; un lieu où on aime lire l'Évangile, où on le laisse résonner, où on l'interroge et le laisse nous interroger. Nous espérons qu'elle deviendra une communauté vivante et productrice de sens. Avec tous ceux et celles qui le voudront, sans nous encombrer d'inutiles frontières.

Tous, nous savons que le feu de l'espérance ne peut grandir et se propager que si nous nous engageons en son nom. Les bonnes paroles ne font pas l'espérance. Mais chaque geste, chaque décision, chaque engagement est une lumière qui s'allume dans un paysage aujourd'hui morose. Cette fondation peut être l'une de ces lumières en disant non au découragement, aux visages assombris ; en espérant tout simplement.

ANNEXE

Points sensibles

Et la sexualité ?

C'est une opinion si largement partagée qu'elle est devenue un lieu commun : le christianisme n'aime pas le sexe. Et force est de constater qu'effectivement la pratique de la sexualité humaine est perçue de façon extrêmement péjorative par la quasi-totalité des penseurs chrétiens depuis deux millénaires. La raison de cette défiance demeure assez obscure car ni le monde juif, ni le monde grec, ni le monde romain qui ont vu les commencements chrétiens ne manifestent une telle réticence. Sans doute peut-on trouver des motifs dans la proximité originelle des premières communautés avec des courants de pensée dualistes, manichéens et gnostiques. Le christianisme s'en distancie finalement, mais il conserve une méfiance à l'égard de ce qu'il nomme la « chair ». Les premiers penseurs de l'Église, qu'on appelle les « Pères de l'Église », partagent, sinon tous, du moins un très grand nombre, une misogynie proprement maladive.

Bien que Jésus ait été quasiment muet sur la sexualité, le sexe a été une obsession du christianisme, comme si le désir et le plaisir éloignaient de Dieu. C'est d'ailleurs le sous-texte toujours en vigueur dans le catholicisme, lequel soutient que le célibat et l'abstinence sexuelle permettent aux prêtres, religieux et religieuses davantage de disponibilité et un don total à Dieu. L'idée est bien qu'il y aurait une sorte de concurrence entre les plaisirs de la chair et l'amour de Dieu. Mais l'expérience montre que la contrainte exercée sur les corps, tant à l'égard des clercs que des simples croyants, a surtout été un moyen de pression et de pouvoir. Au demeurant, si le protestantisme de Luther a donné une bouffée d'air frais en considérant que le célibat était contre nature, de nombreux courants du protestantisme demeurent d'un extrême puritanisme.

Hélas, comme le disait le philosophe Pascal : « L'homme n'est ni ange ni bête, et le malheur veut que qui veut faire l'ange fait la bête[1]. » Aujourd'hui, le dévoilement des abus sexuels dans le clergé catholique éclaire d'un jour sinistre ce qui ressemble bien à une terrible hypocrisie.

Ce qui frappe le plus dans le jugement porté par les institutions religieuses sur la sexualité, c'est qu'il privilégie des normes abstraites : la chasteté, la pureté, comme si le propre de la sexualité n'était pas d'abord d'être relationnelle. Ainsi, dans le catholicisme, l'institution reconnaissant les crimes des clercs abuseurs énonce qu'ils « violaient la chasteté » alors qu'ils violaient des enfants… Incroyable aveuglement !

Le propre de la sexualité humaine est de n'être pas soumise au rut. Les humains ne connaissent pas de saison des amours. La sexualité n'est pas une concession faite à l'animalité, tout au contraire. Elle est l'une des expressions de la culture humaine : culture du désir, de la séduction, du consentement, du plaisir. Les amants ne se livrent pas à leurs pulsions ou, selon les termes de la morale religieuse, à la « concupiscence », c'est-à-dire à la volonté de disposer de l'autre, de le posséder et de l'asservir. Tout l'art de l'érotisme consiste pour les amants à élaborer une culture, un théâtre intime fait de l'écoute de l'autre, de la sollicitation de son désir, de la contemplation de son plaisir. Oui, la sexualité est un espace complexe ; des forces vitales parmi les plus puissantes y sont à l'œuvre et la jouissance est le moment inquiétant de la démaîtrise.

Parce que la sexualité est puissamment humaine et culturelle, on peut légitimement en questionner la moralité, non par rapport à des concepts abstraits mais sur des critères relationnels : respect du partenaire, confiance en la parole échangée, qualité de la relation, attention et délicatesse… Autant dire qu'en la matière, du côté des Églises, tout est à réviser à nouveaux frais.

Et la natalité ?

« Croissez et multipliez », telle est la parole que l'auteur biblique attribue à Dieu à l'orée de la Création[2]. C'est en son nom qu'aujourd'hui de nombreux responsables chrétiens, et en particulier les papes du siècle dernier, ont condamné tout moyen sûr de contraception, lutté contre les politiques de contrôle de la natalité promues par l'ONU et rejeté toute forme de malthusianisme concernant la population mondiale.

Le natalisme est un trait historique du christianisme, aujourd'hui surtout porté par le catholicisme. Pourquoi ces quelques premiers mots de la Bible sont-ils lus de façon si littérale ? Si autrefois, face à des conditions de vie précaires et une très faible espérance de vie à la naissance, la question de la survie de l'humanité était engagée, c'est aujourd'hui la situation inverse qui prévaut. Dans certaines parties du monde, la natalité galopante, explosive – la population y double en vingt ans – ruine tout espoir d'amélioration des conditions d'existence. Le monde, peuplé de près de huit milliards d'êtres humains, est au bord du collapsus, et cette surpopulation est l'un des principaux facteurs de la crise climatique et environnementale que nous vivons. On peut objecter qu'un Californien ou un Européen ont une empreinte environnementale bien plus élevée qu'un Nigérian ou un Indonésien, mais tous et toutes aspirent – légitimement – au niveau de vie et de confort occidental, lequel mène la planète à sa ruine. Quant à faire vivre quatre cent cinquante millions d'Européens et trois cent cinquante millions d'Américains selon le standard actuel de pays comme le Mali ou l'Éthiopie afin d'assurer une forme d'égalité, cela aurait pour terrible conséquence de rompre les flux économiques et de jeter la totalité du monde dans la misère et la famine. Le constat en a été fait en grandeur réelle pendant la pandémie : la mise à l'arrêt pendant quelques semaines des économies les plus riches a réduit à l'extrême pauvreté deux cents millions de personnes.

Les pays dits « développés » ont déjà réduit leur natalité de façon si drastique qu'ils ne renouvellent plus leur population. Cette attitude qui pourrait sembler responsable est pourtant fustigée par les autorités religieuses, en particulier catholiques, qui la tiennent pour un signe d'égoïsme. On a peine cependant à comprendre pourquoi le fait d'avoir plus d'enfants qu'on ne peut en nourrir, plus que la terre ne peut en supporter serait un signe de générosité. En cette matière, il est vrai très complexe, il faut oser dire la vérité et reconnaître que les vraies raisons cachées sous le discours officiel ne sont pas belles à voir. La première est la crainte de la concurrence, et même, osons le mot, du « remplacement » : il faudrait que les chrétiens fassent des enfants afin de ne pas se faire dépasser en nombre par d'autres religions, en particulier par l'islam. La seconde n'est pas plus honorable, c'est la puissante méfiance à l'égard des femmes dont les hommes de religion redoutent l'autonomie si elles échappaient aux contraintes de la maternité. Hélas l'alliance des puissances religieuses patriarcales contre les femmes et leur liberté a été maintes fois constatée, par exemple en 1994 à la conférence du Caire sur la population ou en 1995 à celle de Pékin sur les femmes, toutes deux sous l'égide de l'ONU.

Nous osons dire que, face à la crise environnementale, les lectures littéralistes et fondamentalistes du « Croissez et multipliez » biblique sont non seulement ineptes mais aussi criminelles. Rien n'oblige à cette lecture. On peut tout aussi légitimement y voir l'impératif de croître en humanité plutôt qu'en nombre, de trouver des formes de fécondité bonnes pour l'avenir du monde, de multiplier la bonté et l'hospitalité… Le champ des interprétations et immense. Nous appelons donc les autorités religieuses au courage et à la lucidité. Faute de le faire, leur parole continuera à être démonétisée.

Et le début et la fin de vie ?

Tant les courants protestants *pro-life* (pro-vie) que la tradition catholique soutenue par la papauté luttent partout dans le monde contre la légalité du recours à l'interruption de grossesse. L'idée qui sous-tend ce combat est que la vie humaine, dès la conception, est un don de Dieu et que l'interrompre est un des crimes les plus graves puisqu'il attente au dessein même de Dieu. Dans ce combat, la question des femmes, en particulier celui du droit de disposer de leur corps, n'est jamais posée. Au fond les femmes sont perçues comme des sortes de couveuses d'enfants dans une vision utilitariste qui ne leur laisse aucune liberté. L'un des paradoxes à propos de ceux et celles qui soutiennent cette position est que cette « défense de la vie » ne va guère au-delà de la gestation, et que leur souci de protection de la vie humaine ne s'étend le plus souvent ni à la dénonciation des conditions d'existence des plus fragiles et des plus vulnérables, ni à la condamnation de la peine de mort, ni – au moins aux États-Unis – à la lutte contre la possession d'armes à feu dont on sait qu'elle cause des milliers de morts, y compris parmi les enfants. Étrange respect de la vie à géométrie très variable.

Le recours à l'avortement n'est certes jamais un bien en soi – les femmes s'y résolvent rarement de bon cœur. Mais nous affirmons avec force qu'en tout état de cause cette décision appartient aux femmes concernées et à nul autre. Accorder cette possibilité légale aux femmes dans un cadre juridique et sanitaire sûr ne signifie pas qu'aucune question morale ne se pose quant au geste. Mais il appartient aux femmes, et aux femmes seules, d'en assumer la décision dans le délai imparti par la loi, lequel doit être raisonnable et ne pas être une interdiction cachée. Sur ce sujet, les Églises peuvent donner des éclairages moraux, mais il ne leur revient pas de peser sur les législateurs pour interdire la possibilité de l'avortement, les législations les plus restrictives et les prohibitions n'ayant comme conséquences que d'aggraver le malheur des femmes et les risques pour leur vie.

La question de la fin de vie est elle aussi amplement préemptée par les grands courants religieux. Ainsi, en 2019, des représentants de l'islam, du judaïsme et, pour le christianisme, un orthodoxe et un catholique ont plaidé auprès du pape que « la vie mérite d'être soutenue jusqu'à sa fin naturelle » et se sont opposés à toute forme d'euthanasie ou de suicide assisté. Si cette attitude va à l'encontre de l'opinion publique dans les pays disposant d'une médecine efficace et performante, c'est précisément parce que la notion de « fin naturelle » s'est estompée : les immenses efforts de soin ont rendu le terme de la vie parfois assez indéterminé.

Dans leur plaidoyer, les religieux établissent une étrange équivalence entre ce qui serait l'œuvre de la nature et la volonté divine. La fin naturelle serait en conséquence le terme « voulu » par Dieu. Mais Dieu décide-t-il de notre mort ? Bien sûr que non ! Toute la tradition chrétienne affirme à la suite du judaïsme que Dieu est le Dieu des vivants. La mort n'est ni l'œuvre de Dieu ni sa décision. Nous mourons au terme de notre vie biologique.

Restent pourtant des questions douloureuses comme celles de la dignité et de la liberté. Nous affirmons avec force qu'il n'y a aucune indignité dans la maladie, la déchéance physique ou l'extrême vieillesse. Dans des sociétés qui privilégient la beauté, la force, la jeunesse, il y a là une parole et un témoignage puissants à offrir. Mais si Dieu ne décide pas du terme de la vie, pouvons-nous prendre cette décision ou devons-nous la laisser à la biologie ? Sommes-nous libres ? Pour nous, la réponse est oui, sans hésiter : notre vie est constituée d'une longue suite de décisions petites et grandes, et la dernière nous appartient autant que les précédentes. Il reste que cette décision, compte tenu de sa gravité, doit être prise de façon éclairée, en prenant conseil, et si la personne a perdu sa faculté de jugement et de décision, il est légitime qu'elle ait pu confier à quelqu'un la responsabilité de décider pour elle.

Notre mort nous appartient donc autant que notre vie. Or, notre vie est prise dans un tissu relationnel : aucun être humain n'est une île. Notre mort, dès lors, est un lieu de responsabilité et en conséquence elle n'échappe pas aux questions morales : nous en sommes responsables vis-à-vis de nos proches et de l'humanité tout entière.

En conclusion, la prohibition de tout acte d'aide au décès nous semble absurde et surtout moralement paresseuse en ce qu'elle signe le refus de la complexité des circonstances et de leur unicité : aucune fin de vie ne ressemble à une autre parce qu'aucune vie ne ressemble à une autre. Pour autant, il est impératif que la loi fixe un cadre afin, évidemment, de protéger les plus faibles et les plus fragiles et qu'elle condamne, sans rien concéder, toutes les pratiques d'eugénisme auxquelles nos sociétés comptables pourraient être tentées de recourir.

Et la richesse et la pauvreté ?

En 1968, la conférence de Medellin qui réunissait les évêques d'Amérique latine adopte une expression devenue classique : l'« option préférentielle pour les pauvres ». On pourrait croire que cette expression ne fait que récapituler l'engagement de l'Église depuis toujours aux côtés des pauvres, en étant attentive à leurs difficultés, en les accueillant, en allant au-devant d'eux pour combattre des situations de misère et les rendre acteurs de leur vie, comme le fait par exemple ATD Quart-Monde. Ce qui est nouveau à Medellin, c'est que s'y exprime la volonté de rechercher les racines de la pauvreté et la dénonciation des structures qui oppriment les êtres humains. On mesure à quel point cette vision ouvre un très large champ de prises de position politiques, donc de potentiels conflits.

De cette expression on déduit parfois que les pauvres ont la préférence de Jésus. De fait, Jésus recommande instamment de nourrir, vêtir, assister les plus pauvres de la société. Il dit clairement que la pauvreté est un malheur et qu'elle doit être combattue de manière radicale, car chaque jour le pauvre, qui est mon frère ou ma sœur, risque la mort.

Cependant, le propos de Jésus sur le sujet est bien plus vaste. Jésus prône une certaine forme de pauvreté spirituelle, qu'avaient déjà formulée les prophètes du premier Testament en parlant des « pauvres de Dieu ». Ce sont les petits, les humbles, ceux qui n'ont pas le cœur fier, ceux qui ne se mettent pas en avant pour qu'on les remarque. Attention, les humbles ne sont pas ceux qui renoncent à leurs talents, qui mutilent leur identité, comme cela est encore si souvent recommandé aux fidèles. La véritable humilité est de savoir que tout vient de Dieu et que l'on use au mieux de tous ses talents pour en rendre le bénéfice à Dieu : « Qu'as-tu que tu n'aies reçu ? » dit Paul[3]. Cette pauvreté est pour Jésus une qualité si essentielle qu'elle a même la première place dans les Béatitudes qu'il prononce au début de sa vie publique : « Heureux les pauvres en esprit, car le Royaume des cieux est à eux[4]. » Pauvreté si précieuse qu'elle en devient… une richesse.

En contrepoint, il existe une richesse qui met les gens en état de mort spirituelle. Jésus s'en inquiète souvent. Elle les rend pleins d'eux-mêmes parce qu'ils « ont tout ». Leurs biens, leur réputation, leur pouvoir risquent de les rendre bouffis de suffisance, de leur enlever ce tout petit rien qui rend vivant : le manque. La richesse est comme ce serpent qui fascine par son simple regard. Elle tue l'élan, la quête, le désir, l'attente, alors que le manque rend curieux, vagabond, fureteur, et surtout demandeur de relation. En effet, c'est le manque qui nous donne envie de rencontrer l'autre, afin que nous devenions plus riches de ce que nous n'avons pas. Et la relation crée le corps social, cette communauté d'êtres vivants dans laquelle nous devenons sujets de notre vie.

Mais s'agissant de la richesse, Jésus condamne une attitude et non des personnes. Il ne condamne jamais les riches mais se soucie d'eux. Tous ceux qu'il rencontre ont droit à la même sollicitude, comme ce jeune homme déjà évoqué dont l'évangéliste Marc nous dit que « Jésus l'aima ». Jésus ne pratique pas d'exclusion. Riches ou pauvres, il ne choisit pas, pourvu que la rencontre soit possible.

Et le pouvoir ?

Le pouvoir est le lieu de tous les dangers. La très longue expérience du pouvoir dans le catholicisme le prouve. De fait, si l'on avait écouté Jésus, il n'est pas sûr que le christianisme se serait organisé tel que nous le connaissons. Jésus prônait un art de vivre, mais il n'envisageait ni la création d'un corps de prêtres ni celle d'un État. Il a eut des paroles très fortes, exigeant de ses disciples qu'ils soient des serviteurs et non des maîtres. C'est donc sous le couvert du service que les responsables religieux s'avancent. Mais à l'évidence, ce service est le très piètre cache-misère d'un pouvoir d'autant plus dangereux qu'il s'appuie sur le sacré. Dans le catholicisme en particulier, les récentes affaires d'abus ont mis en lumière le phénomène d'emprise et de manipulation des esprits intrinsèques au système clérical actuel.

Il y a donc une intense réflexion à mener sur le bon gouvernement d'une Église (du grec *ecclesia* qui désigne tout simplement une assemblée) en christianisme. Gouverner les âmes est une responsabilité considérable, car la foi est une affaire très intime qui implique tout l'être. Les risques de trébucher sont fréquents. Ils tiennent d'abord à la grande délicatesse des biens spirituels dont est chargée une institution. Ces biens sont la délivrance du sens de la vie, l'établissement de rites et l'accompagnement de la vie spirituelle. Observons que la vie morale n'en fait pas partie. Le christianisme n'est pas une morale, il consiste à suivre Jésus. Toute tentative d'imposer une éthique particulière, comme cela a été le cas lors des manifestations contre le Mariage pour tous, relève de l'emprise.

Sur le premier des trois sujets, la délivrance du

sens, une bonne institution doit veiller à la préservation des Écritures, à encourager leur diffusion et leur interprétation. Doit-elle en contrôler le sens ? Non, et précisément, elle ne doit pas laisser les Écritures être intrumentalisées ou confisquées dans un sens unique. La tâche est délicate car la vérité dont parle Jésus ne peut se mettre dans un coffre-fort. Elle est en chemin, partagée, co-construite dans une relation. Par conséquent, si le sens prend sa source dans les Évangiles, il n'est cependant jamais acquis. La première qualité est donc l'écoute, suivie de l'exemple. L'institution doit d'abord gouverner par son ouverture d'esprit, son accueil inconditionnel et par sa vie même. « Venez et voyez », dit Jésus[5].

En matière de rites, l'institution ne peut se désolidariser du monde environnant. C'est par une attention extrême aux passages de la vie, à tous les événements qui affectent une société que s'établissent des rites signifiants. Lorsque des gens se rassemblent pour une marche blanche par exemple, des rites peuvent être inventés, en collaboration avec les représentants d'autres religions, pour donner sens à ce qui se vit.

Quant à l'accompagnement de la vie spirituelle, il est le lieu potentiel de tous les phénomènes d'emprise. Il exige donc une extrême vigilance. Plusieurs voies sont possibles : accompagner en binôme, instaurer des supervisions – comme le font les psychologues – ou encore solliciter une tierce personne chargée d'entendre à intervalles réguliers les personnes accompagnées.

Enfin, les risques touchant au gouvernement des âmes tiennent aussi à l'existence d'un corps particulier, celui des prêtres, mais potentiellement tout autant celui des laïcs. Cela suppose d'une part d'associer davantage tous et toutes aux grandes décisions de l'institution, d'autre part d'empêcher ce corps particulier de se calfeutrer dans l'entre-soi. Cet entre-soi laisse penser que l'on est un corps de purs, ce que confirme la sacralisation dont la fonction du prêtre fait l'objet*. Et plus on se croit pur, plus on est tenté

* Canon 1008 du Code de droit canonique : « Par le sacrement de l'Ordre, d'institution divine, certains fidèles sont constitués ministres sacrés, par le caractère indélébile dont ils sont marqués. »

d'exclure celui ou celle qui semble ne pas l'être assez, ce qui est en contradiction flagrante avec la fidélité à Jésus qui lui-même fut un exclu. Dans cette meilleure fluidité, une institution peut, peut-être, accomplir vraiment ce pour quoi elle s'instaure : le service.

Et les autres religions ?

Quoi qu'en disent certains, il n'y a plus de chrétienté. Depuis un demi-siècle l'Europe n'est plus exclusivement chrétienne. Si le judaïsme est présent en France depuis l'Antiquité, émancipé par la Révolution puis reconnu et structuré par Napoléon, c'est l'arrivée de l'islam qui change le paysage religieux. Elle pose clairement la question de savoir comment vont vivre ensemble tous les émetteurs de sens, que ce soient les trois grands monothéismes ou les courants de pensée philosophiques.

Pour les chrétiens, l'attitude de référence devrait être celle de Jésus, accueillant fraternellement toute personne. Dans cet accueil, des richesses se communiquent. Découvrir la conception de Dieu des autres religions et leurs modes d'appréhension du monde et de l'existence humaine est un gain pour notre foi. Ces richesses nouvelles nous font réaffirmer que nous n'avons aucun désir de convertir quiconque. Une conversion est souvent un arrachement, elle ampute ceux qui la vivent d'une partie d'eux-mêmes, de sorte qu'elle ne doit être décidée que de façon totalement libre.

Accueillir, écouter sont donc les bases d'un dialogue qui, peu à peu, devient naturel. Le dialogue peut s'investir dans les questions théologiques, mais c'est surtout dans un vécu partagé qu'il trouve sa dimension la plus féconde. Il est alors fait de rencontres, de débats, d'actions caritatives communes. Il ne faut pas sous-estimer les difficultés dès lors que nous venons tous de cultures différentes. Si le dialogue est aisé entre juifs et chrétiens, surtout depuis que le concile Vatican II a, en 1965, fermement condamné l'antijudaïsme chrétien, il se cherche encore parfois entre chrétiens et musulmans. La familiarité des chrétiens avec le monde musulman est moindre et l'islam relève d'une tout autre conception de l'existence. En particulier, le sujet s'y situe davantage de manière collective. Dans les nombreux débats auxquels nous avons participé, nous avons parfois constaté des attitudes défensives qui rendent les échanges plus laborieux, au risque d'une certaine stérilité.

Au niveau des principes qui devraient gouverner nos religions, l'un d'eux fait débat. Il s'agit du respect des droits humains, tels que les définit la Déclaration universelle de 1948. Parmi ces droits, il y a la reconnaissance plénière de l'égalité entre les hommes et les femmes. Or, aucun des trois monothéismes n'est quitte de cette exigence. Certains courants de l'islam contestent ces droits au motif qu'ils sont l'émanation de la seule société occidentale et ne reflètent que ses problèmes. Et de fait, ni dans le catholicisme ni dans le judaïsme orthodoxe, majoritaire en France, cette égalité n'est réalisée. Seuls les protestants pratiquent (pour la plupart) l'égalité entre les sexes. C'est dans ce combat-là que les femmes de religions différentes se retrouvent facilement en dialogue et sont écoutées.

Mais aujourd'hui, l'objet majeur du dialogue doit être de combattre la violence dont l'opinion commune accuse les religions. Cette accusation est grave mais fondée, car des courants extrémistes parcourent toutes les traditions religieuses. Il appartient d'abord à chacune de mener son propre combat dans ses rangs mais toutes doivent concourir à cette lutte. Il n'est pas question non plus de se livrer à une sorte de syncrétisme mais de travailler ensemble pour le bien commun et la fraternité. Dans ce dialogue, les religions peuvent devenir un facteur de paix au sein de la société qui les abrite.

Nous avons souvent constaté que lorsque nous sommes invitées avec une rabbin, une imam, dans un contexte laïc, un centre culturel ou une mairie par exemple, et que nous dialoguons avec des tiers sur des thèmes qui nous sont communs, même si nos regards sont très différents, l'échange est bien plus fructueux. Là, le dialogue prend corps, devient plus riche, car nous y introduisons l'assemblée qui écoute et débat, donc la société.

NOTES

I. Choisir Jésus

1. Marc 8, 27.
2. Jean 1, 39.
3. Matthieu 28, 20.
4. Exode 33, 11.
5. Première lettre aux Corinthiens 15, 13.
6. Lettre aux Colossiens 3, 3.
7. Deuxième lettre aux Corinthiens 4, 8-9.
8. Matthieu 26, 24.

II. Redevenir nomades

1. Deutéronome 26.
2. Exode 1.
3. Exode 1-15.
4. Jacques Attali, « “La société de la vie” comme concept stratégique », https://legrandcontinent.eu/fr/2022/04/26/la-societe-de-la-vie-comme-concept-strategique.

5. Exode 7, 16.
6. Luc 1, 46-56
7. Deutéronome 30, 19.
8. Deutéronome 6, 12.
9. Genèse 1, 28.
10. Jean Chrysostome, homélie XLIII sur la Première lettre aux Corinthiens.
11. Josué 24.
12. Exode 3, 8-17
13. David Goodhart, *Les Deux Clans. La nouvelle fracture mondiale* Les Arènes, 2019.

III. Affirmer la dignité de l'être humain

1. Genèse 1, 26.
2. Genèse 4, 9.
3. Genèse 2, 18.
4. Genèse 3, 16-17.
5. Exode 20.
6. Lévitique 15.
7. Luc 11, 27.

IV. Laisser Dieu nous échapper

1. Premier livre des Rois 18-19.
2. Premier livre des Rois 19, 4.
3. Exode 33, 20.
4. Lévitique 26, 12.
5. Exode 32.

6. Exode 40, 38.
7. Exode 3, 7.
8. Lettre aux Philippiens 2, 6-8.
9. Jean 14, 9.
10. Jean 20, 17.
11. Matthieu 28, 20.
12. Sagesse 13, 1.
13. Genèse 9, 9-10.
14. Isaïe 60, 9.
15. Lettre aux Romains 8, 21.

V. Chérir la liberté

1. Matthieu 19, 16-22 ; Marc 10, 17-22 ; Luc 18, 18-27.
2. Marc 10, 21.
3. Jean 9.
4. Matthieu 3, 4.
5. Matthieu 11, 19.
6. Albert Camus, *L'Exil et le Royaume*, p. 20.
7. Psaumes 139 (138) 14.

VI. Faire face au mal

1. Jean 19, 5.
2. Luc 22, 32.
3. Matthieu 26, 24.
4. Matthieu 16, 21-23.
5. Psaumes 21 (22), 2.
6. Jürgen Moltmann, *Le Dieu crucifié*, Cerf, 1999.

7. Luc 23, 34.
8. Jean 11, 53.
9. Jean 19, 26-27.
10. Jean 20, 17.
11. Matthieu 5, 38.

VII. Aimer l'avenir

1. Lettre aux Romains 8, 38-39.
2. Apocalypse 21, 4.
3. Greta Thunberg à la COP 24 en décembre 2018.
4. Greta Thunberg au Forum économique mondial de Davos en 2019.
5. J. M. G. Le Clézio, « Greta Thunberg, la gravité de la Terre », *Libération*, 13 mars 2019.
6. Apocalypse 22, 17-20.
7. Lettre aux Colossiens 3, 38.
8. Première lettre aux Corinthiens 2, 9.
9. Simone de Beauvoir, *La Force des choses*.
10. Deuxième lettre aux Thessaloniciens 3, 6-15.
11. Lettre aux Galates 6, 10.
12. Greta Thunberg au Forum économique mondial de Davos en 2019.

Conclusion. Une maison de Renaissance

1. Lettre aux Hébreux 6, 19.
2. Lettre aux Philippiens 3, 20.
3. Première lettre de Pierre 3, 15.

Annexe. Points sensibles

1. Pascal, *Pensées*, éd. Brunschvicg, 358.
2. Genèse 1, 28.
3. Première lettre aux Corinthiens 4, 7.
4. Matthieu 5, 12.
5. Jean 1, 39.

TABLE

Pour écrire aux auteures :

c.pedotti@gmail.com

annesoupa@gmail.com

DES MÊMES AUTEURES

Ensemble

Les Pieds dans le bénitier, Presses de la Renaissance, 2010.

Anne Soupa

Faut-il croire au diable ?, Bayard, 1994.
Pâques, art du passage, Cerf, 2009.
Dieu aime-t-il les femmes ?, Médiaspaul, 2012.
François, la divine surprise, Médiaspaul, 2014.
Douze femmes dans la vie de Jésus, Salvator, 2014.
L'Ange de la force, entretien à deux voix avec André Gouzes, Bayard, 2016.
Le Jour où Luther a dit non, Salvator, 2017.
Judas, le coupable idéal, Albin Michel, 2018.
Consoler les catholiques, Salvator, 2019.
Pour l'amour de Dieu, Albin Michel, 2021.

Christine Pedotti

Sous le nom de Christine Pedotti :

L'Inconsolée, Albin Michel, 2022.
Qu'avez-vous fait de Jésus ?, Albin Michel, 2019.
Jésus, l'homme qui préférait les femmes, Albin Michel, 2017.
La Bible racontée comme un roman, t. 2, XO, 2016.
La Bible racontée comme un roman, t. 1, XO, 2015.
Jésus, cet homme inconnu, XO, 2013.
Faut-il faire Vatican III ?, Tallandier, 2012.
Ce Dieu que j'aime, Médiaspaul, 2012.
La Bataille du Vatican, Plon, 2012.

Direction ou coordination d'ouvrages :

Jésus, l'encyclopédie, Albin Michel, 2017.
Théo, l'encyclopédie catholique, nouvelle édition, Mame, 2009.

En collaboration avec Anthony Favier :

Jean-Paul II, l'ombre du saint, Albin Michel, 2020.

En collaboration avec Vincent Villeminot :

La Longue Patience du sanglier, Plon, 2009.

Sous le nom de Pietro De Paoli :

Anticatéchisme pour le christianisme à venir, Albin Michel, 2013.

Petites conversations avec ma nièce sur la question de Dieu, Plon, 2011.

Lettres à un jeune prêtre, Plon, 2010.

Dans la peau d'un évêque, Plon, 2009.

La Confession de Castel Gandolfo, Plon, 2008.

38 ans, célibataire et curé de campagne, Plon, 2006.

Vatican 2035, Plon, 2005.

Composition Nord Compo
Impression CPI Bussière en septembre 2022
Éditions Albin Michel
22, rue Huyghens, 75014 Paris
www.albin-michel.fr
ISBN : 978-2-226-47733-0
N° d'édition : 25151/01 – N° d'impression : 2066648
Dépôt légal : octobre 2022
Imprimé en France